21世纪职业秘书专业教材

秘书文书

档案管理

郭学利 武晓睿◎主编 高红梅◎副主编

清华大学出版社

北京

内 容 简 介

　　本书是在吸收了前人文书档案管理研究成果和档案工作实际经验的基础上,针对培养实用型人才而编写的秘书学本科教材。全书共分为10章,内容包括文书与档案、文书处理、文书归档与档案整理、档案收集与鉴定、档案保管、档案利用、档案检索、档案编研、档案统计、电子文档管理。

　　本书可作为本科秘书学专业、高等职业教育院校秘书专业的教材,也可供文秘有关人员参考使用。

图书在版编目(CIP)数据

　　秘书文书档案管理/郭学利,武晓睿主编. --北京:清华大学出版社,2015 (2015.7 重印)
　　21 世纪职业秘书专业教材
　　ISBN 978-7-302-37309-4

　　Ⅰ. ①秘…　Ⅱ. ①郭…　②武…　Ⅲ. ①文书工作　②档案管理　Ⅳ. ①C931.46 ②G271

　　中国版本图书馆 CIP 数据核字(2014)第 159529 号

责任编辑:田在儒
封面设计:王跃宇
责任校对:袁　芳
责任印制:王静怡

出版发行:清华大学出版社
　　　网　　　址:http://www.tup.com.cn,http://www.wqbook.com
　　　地　　　址:北京清华大学学研大厦 A 座　　　邮　　编:100084
　　　社 总 机:010-62770175　　　　　　　　　　邮　　购:010-62786544
　　　投稿与读者服务:010-62776969,c-service@tup.tsinghua.edu.cn
　　　质 量 反 馈:010-62772015,zhiliang@tup.tsinghua.edu.cn
印 装 者:北京鑫海金澳胶印有限公司
经　　销:全国新华书店
开　　本:185mm×260mm　　　印　张:12.5　　　字　数:283 千字
版　　次:2015 年 1 月第 1 版　　　　　　　印　次:2015 年 7 月第 2 次印刷
印　　数:1501~3000
定　　价:29.00 元

产品编号:058259-01

前言

　　文书处理、档案管理的相关知识和技能是秘书学专业学生的必修课。为切实提高秘书学专业学生文书、档案管理素质，很多高校开设了"文书学"、"档案管理学"两门课程。为了适应文档一体化的实际需要，我们将秘书文书处理工作和秘书档案管理工作进行整合，编写了本书。本书在编写上有几点说明。

　　(1)本书旨在整合秘书文书工作和档案管理工作内容，编写中参考了"秘书学"、"秘书实务"、"文书学"、"档案管理学"、"文档管理"等相关教材，并借鉴了相关的经验。

　　(2)基于秘书文书与档案工作密切关联的实际，对于具体工作的重合、交叉之处，本书本着简明的编写原则进行了适当的处理。

　　(3)本书吸纳了近年来秘书文书档案工作研究的最新成果，并强调文书档案工作规范性与工作方法灵活性的结合。

　　(4)本书基本上以文书处理、档案管理工作的流程组织章节结构，安排内容，脉络清晰。

　　(5)本书属于秘书专业实务性教材，编写过程中力避理论的深奥与抽象，重在具象问题的解决方法与工作思路的探索。

　　本书由内蒙古财经大学的郭学利、武晓睿担任主编，高红梅担任副主编。具体分工是：第一章、第八章由高红梅执笔；第二章、第六章、第七章、第九章、第十章由郭学利执笔；第三～五章由武晓睿执笔。全书由郭学利统稿。

　　为使本书做到秘书文书档案工作的融通，编写组做了很多尝试和努力。鉴于编者知识水平的局限性，书中难免有疏漏和不足之处，希望同行和广大读者提出宝贵意见。

编　者

2014 年 9 月

Contents

目　录

第一章
Chapter 1

文书与档案

学习目标

1. 明确文书的概念、特点及其种类，了解文书工作的组织形式及其主要内容；
2. 明确档案的概念、种类及其作用，了解档案工作的主要内容；
3. 辨析文书与档案的关系、文书工作与档案工作的关系。

　　文字是人类在生产、生活中表达思想、交流信息、记录情况的有效手段和工具。文字的出现及其应用于记录各种社会活动，标志着文书工作的开始。人们将记录重要社会活动的文书保存归档以备后用，就进入了文书档案管理的流程。随着社会的发展，文书档案工作日趋专门化、系统化。文书档案工作是现代秘书的主要业务之一，了解并掌握文书档案的基本知识及其工作内容，是从事秘书职业的人员必备的工作技能与职业素质。

第一节　文书与文书工作

一、文书的概念

　　文书是以文字的形式处理各种社会事务的管理工具之一。文字的发明是文书出现的基本条件，社会事务的管理需要则是文书转化为管理工具的重要条件。

1. 文书的含义

　　现代管理学意义上的"文书"一词，有以下两种含义。

　　其一指物，是指人们在社会活动中为了记载、传达、公布、凭证等需要而以文字的形式书写的书面材料。

其二指人,是对各类机构中从事文字管理工作人员的特定称谓,这是由"文书"一词的本意引申出来的特殊概念。

本书取"文书"本意,是指人们在社会实践活动中利用书面形式表达意愿、进行沟通、说明情况和留作凭证的一种记录材料。

2. 文书、文件、公文的联系与区别

文书、文件和公文是三个互有联系又经常被交错使用的概念,它们的联系在于内容上都是对一定社会活动的记载和反映,都具有相对固定的表达体式;而它们的区别则主要体现在概念的范畴以及使用惯例上。

文书属于集合名词,是指包括文件(狭义文件)、公务文书、私人文书在内的各种文字材料的总称,而不是单指某一份、个别的文字材料。因此,常称为"文书材料"、"文书档案",而较少说"某份文书",单份文书常称为"文件"。

文件分广义文件和狭义文件。广义文件是指人们在社会活动中为处理各种事务而形成的具有一定效用的各种信息记录载体,包括文字、图像、声音、影像等各种材料;狭义文件则指法定公文中的红头文件。

公文即公务文书,属于文书中的一类,分狭义公文和广义公文。广义公文是指文书中除私人文书之外的其他文字材料;而狭义公文特指法定公文,是指国家各级行政机关、企事业单位、社会团体在处理社会公共事务中形成的具有特定法律效力和规范体式的文字材料,包括命令、决定、公告、通告、通知、议案、报告、请示、批复、意见、函、会议纪要等13类文种。

三者之间的关系如图1-1所示。

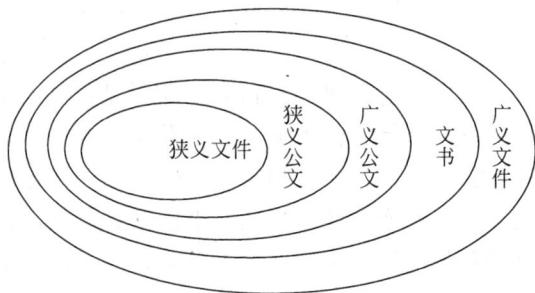

图 1-1 文书、文件、公文的关系

在日常工作中,这三个概念还有一些习惯性的用法:人们常把历史上形成的文件称为"文书",产生于当代的称为"文件";也有的将非红头文件如信函、会议纪要等称为文书或公文,红头公文称为文件。

二、文书的种类

在文书的使用过程中,根据不同的管理需求而产生了不同的分类标准,形成了不同种类的文书。为了准确、恰当地使用文书,需要区分不同的文书种类。常见的文书有以下几种。

(1) 按照文书载体的不同,分为纸质文书、电子文书、感光介质文书、磁介质文书等。

（2）按照文书来源的不同,分为收文、发文和内部文书。

（3）按照文书使用范围的不同,分为公务文书和私人文书。

（4）按照文书处理方法的不同,分为知照性文书和成务性文书。

（5）按照文书处理时间的不同,分为特急件、急件和平件。

（6）按照文书行文方向的不同,分为上行文、平行文和下行文。

（7）按照文书内容涉密程度的不同,分为绝密、机密、秘密、内部使用、限国内公开使用和对外公开使用。

以上是常见的机关、事业单位文书分类情况。在具体使用中,使用者还可根据工作的具体需要进行其他必要的分类。

公司企业常用文书分类如表 1-1 所示。

表 1-1　公司企业常用文书分类表

文书种类	常 用 文 种
礼仪性文书	欢迎词、欢送词、邀请函、问候信、致谢信、致歉信、祝词、贺词、演讲稿、推荐信、聘书、请柬等
涉外文书	涉外经济合同、国际贸易会谈纪要、电报、电传、迎送词、索赔书等
商务文书	经济合同、市场预测报告、市场调查报告、经济活动分析报告、审计报告、广告、招标书、投标书等
事务文书	计划、总结、调查报告、简报、会议记录、建议书、规章制度等

三、文书的作用

通过文书可实现对社会事务活动进行有效的组织和管理,因此文书特别是公务文书,是社会运转不可或缺的管理工具,其作用主要体现在以下几个方面。

1. 指导下级工作

上级机关可通过制发公文,向下级机关传达党和国家的方针、政策,对下级机关进行工作指导,部署安排需下级机关执行的工作和任务。

2. 规范社会行为

我国现行的一些法律法规就是通过公务文书的形式制定和发布的,这类法规性的文书一经发布,便具有法律效力和强制执行力,成为社会行为规范,应遵照执行。

3. 联系沟通作用

文书是社会组织之间、组织与个人之间以及私人之间联系事务、沟通信息、商洽事宜不可或缺的重要工具,在社会事务活动中起着重要的联系、沟通作用。

4. 记载凭证作用

一些文书,如会议纪要、大事记、组织沿革等,就是要将重要的社会活动记载下来以备后用。其他文书,如合同、介绍信、收据以及各类证书等,则是起凭证的作用,用来证实文书所体现出来的权利义务关系、身份关系、买卖关系以及其他资信能力等。

四、文书的稿本

文书的稿本这里专指公务文书的稿本,是对公文的文稿和文本的总称。秘书在制发公文的过程中会产生不同的稿本,主要包括以下几种。

1. 草稿

草稿是指文书撰写过程中形成的原始稿件,其内容和文字表述都尚未成熟,处于未定形状态,仅供征求意见、讨论、修改、审批使用。它不属于正式公文,不具备执行效力,一般需标注有"讨论稿"、"征求意见稿"、"修改稿"、"送审稿"等字样。

草稿一般不需立卷归档,只有特别重要的文书草稿,例如,真实反映重要文书的形成过程,具有珍贵的历史文献价值的草稿,可选择归档保存。

2. 定稿

定稿是指公文的草稿经修改,再由机关领导依照法定程序审核并批准签发的、或由会议正式讨论通过的公文稿本。定稿是机关制发公文的标准文稿,具有标准的公文格式和法定效力。

凡立卷归档的公文,需将其定稿一并归档。

3. 正本

正本是根据定稿制发并送达主送机关的正式文本。

正本由收文机关根据公文的档案价值决定是否立卷归档。

4. 副本

副本是指公文正本的复制件或复份。正本送达主送机关,副本送达抄送机关或本机关留存使用,其作用在于代替正本供传阅、参考和备查使用,不具备正式公文的法律效力。

副本一般不需要立卷归档。

5. 存本

存本是指发文机关留存归档的文本。存本一般不需加盖印章或签署。

公文的存本与定稿一并归档保存。

6. 试行本

试行本是一种正本的特殊形式,指在规定的试用期内推行的具有正式公文的法律效力的文本。此类文本需在公文标题后标注"试行"字样。

7. 修订本

修订本也是一种正本的特殊形式,指对已经发布生效的公文进行重新修正补充后再发布的文本。修订本生效之日起,原文本自动废止。此类文本需在公文标题后标注"修订稿"字样。

8. 两种以上文字文本

同一份文件,有两种以上文字的文本。

五、文书工作概述

文书工作就是围绕文书的形成、处理和管理过程而开展的一系列具体的工作,属于秘书人员的日常工作,包括起草、撰写、制发文书,收发、传递、处理文书以及针对文书内容需要办理的各种事务。

(一)文书工作的任务

文书工作的中心任务就是科学、有序地组织本机构的文书事务,及时、准确地处理机构的往来文书,安全、高效地运转和保管文书,充分发挥文书在组织和管理机构事务中的作用,提高本机构的工作效率和管理水平。具体工作任务分为以下三个环节。

1. 文书的制作任务

文书的制作任务包括文件的拟稿、审稿、签发、缮印、校对、用印以及对机构的重大活动、各类会议、汇报、电话、电报、电传、来信、来访的记录和整理工作。

2. 文书的处理任务

文书的处理任务包括文书的收发、登记、分办、传递、拟办、承办、催办、用印、留注、立卷、归档以及销毁等。

3. 文书的管理任务

文书的管理任务包括文书的保管、调阅,对文书材料的分类整理、编目归档、科学利用以及对文书工作全过程的督办等。

(二) 文书工作的组织与管理

文书工作的组织与管理是指机构内部对于文书工作的机构设置、组织领导以及各工作环节的统一安排。文书工作的组织与管理一般由机构设置的秘书部门统一负责,也有的组织设置专门的文书部门负责文书工作。从事文书工作的人员称为文书工作人员,或简称为文书。文书部门和文书工作人员应按照一定的方法和要求开展文书工作。

1. 文书工作的组织形式

文书工作的组织形式是指文书机构的设置以及文书工作分工所采用的方式。现行的组织形式主要有以下两种类型。

(1) 集中组织形式

集中组织形式是指文书处理流程中除了公文的承办环节以外,其他环节集中交由机关办公室或秘书科(室)负责,由机关领导协同办公室或秘书科室与其他业务部门联系,对本机构的文书工作进行统一组织管理,各业务部门不再设置文书处理机构或文书专职人员。

(2) 分散组织形式

分散组织形式是指一个机关的文书工作,分别由机关的办公厅(室)和各业务部门的办公室或文书专职人员分工负责,各自承担其中的一部分文书工作。

机关办公厅(室)与各业务机构的文书部门的分工方法:一是按照文件内容与工作职责分工,凡涉及全局性的重要文件由机关的办公厅(室)统一负责处理,业务性文件则交由业务部门的办公室或文书专职人员处理;二是按照文书处理的工作环节分工,可以将文件的收发、登记、用印等交由机关办公厅(室)统一负责,其他环节交由各个业务部门办公室或文书专职人员自行负责。

2. 文书工作的管理体制

我国各级各类机关的文书工作遵循如下的管理体制。

(1) 中共中央办公厅和国务院办公厅分别负责指导全国党和政府各级机关的文书工作。

作为负责文书工作的最高机关,中共中央办公厅和国务院办公厅通过颁布有关的法律法规、政策文件以及召开各类有关文书工作的全国性会议,实现对全国各级机关文书工作的指导。

（2）一个机关的文书工作,由本机关秘书部门的秘书长或办公厅(室)的负责人负责领导。

（3）上级领导机关的办公厅(室)负责对其下属机关的文书工作进行业务指导。

（4）机关档案部门负责对本机构各部门的文书立卷归档工作进行指导、监督和检查。

（5）机关业务部门设置专职文书人员负责本部门的文书工作。

（三）文书工作的原则

文书工作必须坚持统一的原则和要求,这是提高机构办事效率、保障机构事务工作正常高效运转的前提条件。党和国家领导机关历来非常重视文书工作的规范化问题,针对文书工作的内容及其特殊性,对文书工作提出专门的规定与要求。1955年发布了《中国共产党中央和省(市)级机关文书处理工作和档案工作暂行条例》,条例指出,"文书处理工作的基本原则,是及时准确地处理文书;反对积压和紊乱,反对文牍主义";1981年国务院办公厅发布的《国家行政机关公文处理暂行办法》中强调"公文处理必须做到准确、及时、安全","必须实行严格的保密制度,确保国家机密安全";1993年11月国务院办公厅修订发布《国家行政机关公文处理办法》,明确规定"公文处理必须做到准确、及时、安全。公文由文秘部门统一收发、分办、传递、用印、立卷、归档和销毁","在公文处理工作中,必须严格执行国家保密法律法规和有关保密规定,确保国家秘密安全";2001年1月开始执行的《国家行政机关公文处理办法》对文书工作的原则做了进一步的修改,"公文处理应当坚持实事求是、精简高效的原则,做到及时、准确、安全"。

综上所述,文书工作的原则可概括为及时、准确、安全、统一。

1. 及时

及时是对文书工作效率的要求。

随着现代化管理手段的广泛运用,文书工作的效率得以大幅提升。秘书人员应积极采用现代化的管理手段,简化办文手续和难度,加快办文速度;明确文书工作每个具体环节的时限要求,提高整体工作效率。

2. 准确

准确是对文书工作的质量要求。

在文书制发过程中,要严格执行党和国家领导机关制定的相关法律、法规、政策、文件,制发公文要求观点正确、用语准确、格式规范,公文办理、管理环节,都要遵循规范合理的流程。

3. 安全

安全是对文书工作的责任要求。

首先,文书工作要确保文书内容的安全,特别是针对涉密文件的保密工作。秘书人员必须严格遵守《中华人民共和国保守国家秘密法》的相关规定,完善所在机构文书工作各环节的管理制度,主动消除和防范不安全因素,特别应注意在计算机和网络环境下的文书内容的安全问题,确保文书内容不被窃取、篡改或损毁。其次,文书工作要确保文书实体的安全。在文书制发、处理以及管理的整个过程中,要最大限度地避免因自然因素和人为因素造成的对文书的损害,如注意防潮、防霉,选用合适的书写材料和保管手段等。

4. 统一

统一是对文书工作管理上的要求。

集中体现在管理权责上的统一、制度上的统一和执行标准的统一，三方面的内容。管理权责上的统一是指各级行政机关的办公厅（室）都应该设立文秘部门或配备专职人员负责文书工作；制度上的统一是指负责文书工作的机构应建立统一、完善的文书工作管理制度，规范和指导本机构的文书工作，如收发文制度、保密制度、用印制度、归档制度、文件销毁制度等；标准上的统一是指文书工作应严格执行现行的国家标准和规范制度。

第二节　档案与档案管理

一、档案的概念

将社会事务活动中形成的各类文书整理保存以备后用，就转化为档案。一部分档案是由文书转化而来，一部分档案则由图像、物件、影像、录音、录像等转化而来。

（一）"档案"一词的由来

据现有史料记载，我国不同历史时期对档案的称谓也不尽相同：商代时称之为"册"；周代时称之为"中"；秦汉时称之为"典籍"；魏晋以后称之为"文书"或"文案"；唐、宋以来称之为"文卷"、"案卷"或"案牍"，这些称谓的含义都具有现代档案的特征与功能。

"档案"这个称谓最早出现在明末清初。顺治十五年（公元 1658 年）浙江巡抚陈应泰的揭帖中出现了"档案"一词[①]；康熙十九年（公元 1680 年）的《起居注》中也出现了"档案"一词。康熙皇帝在批阅秋审众犯册时问道："马哈喇之父与叔皆没于阵，本人亦有功牌，其罪如何？"大学士奏曰："部中无档案，故控告时部议不准。"康熙四十六年杨宾所著的《柳边记略》中对"档案"一词则有更详细的记载："边外文字，多书于木，往来传递者曰牌子，以削木片若牌故也；存储年久者曰档案，曰档子，以积累多贯皮条挂壁若档故也。然今文字书于纸者，也呼为牌子、档子矣。"按汉字本义，"档"在《康熙字典》中解释为"横木框档"，就是木架框格的意思；"案"在《说文解字》中解释为"几属"，就是桌子一类的东西，可引申为官方文件一类的"案卷"。"档""案"连用，可以解释为存入档架的案卷。

（二）档案的定义

《中华人民共和国档案法》将档案的定义表述为："指过去和现在的国家机构、社会组织以及个人从事政治、军事、经济、科学、技术、文化、宗教等活动直接形成的对国家和社会有保存价值的各种文字、图表、声像等不同形式的历史记录。"

国家档案局于 2000 年 12 月发布的《档案工作基本术语》将档案的定义表述为"国家机关、社会组织或个人在社会活动中直接形成的有价值的各种形式的历史记录"。

上述关于档案定义的表述，揭示了档案的主要属性：档案形成的原始性、档案形成的历史性、档案来源的广泛性、产生档案主体与档案形式的多元性、档案的记录性以及档案

---

① 单士元.明清档案丛谈[J].故宫博物院院刊,1980(2).

的保存价值。

二、档案的种类

由于档案属性的多样化，档案种类的划分标准出现了多种选择，国内常见的档案分类有以下几种。

（1）根据档案形成时间的不同，可分为历史档案和现行档案。

历史档案主要是指新中国成立前的档案，如明清档案、民国档案等；现行档案是指中华人民共和国档案，即新中国成立后的档案。

（2）根据档案载体的不同，可分为甲骨档案、竹简档案、纸质档案、照片档案、录音档案、录像档案、电子档案等。

（3）根据档案的内容和使用范围的不同，可分为文书档案、科技档案以及艺术、诉讼等各类专门档案。

文书档案、科技档案和专门档案这三种档案概念是我国档案界及社会上应用最为普遍的档案种类概念。文书档案是指行政管理档案，如请示、批复、决定、决议、法规、法律等；科技档案是指人们在科技、生产活动中形成的由纯业务性的科技文件材料转化而成的档案，如图纸、设计任务书、科研报告等；专门档案是指除文书和科技档案之外的在专门活动中形成的档案，如会计档案、人事档案、诉讼档案、病历档案、婚姻登记和工商注册登记档案等。

（4）根据档案来源可分为公务档案和私人档案。

公务档案是指人们在公务活动中形成的档案，其形成主体主要是公务机关或其他社会组织。私人档案则是指私人或私人组织在社会活动中形成的为私人所有的档案。

（5）根据档案所有权的不同，可分为国家所有档案、集体所有档案和个人所有档案。国外将其分成公共档案和私人档案。

三、档案的价值

档案作为一种特殊的文献，是人类社会活动的产物，具有特殊的价值。随着社会的发展，档案在社会各个领域中的作用日显突出。档案的基本价值主要表现在凭证价值和参考价值两个方面。

（1）档案的凭证价值

档案的凭证价值是由其本质属性——原始记录性决定的，档案的凭证作用是档案不同于一般历史记录的根本特点。

档案之所以具有凭证的价值，首先，因为档案是由当事人办事使用的文件转化而来的，是对历史陈迹的真实记录；其次，从档案形成的载体上，往往保留有反映其形成过程的历史标记，如当事人的亲笔手稿或签字，责任人的签署或批示，单位或负责人的印信，以及相关的照片、录音、影像等资料。这些资料客观记录了历史原貌，成为日后人们查考、争辩和处理相关事务的真凭实据。

（2）档案的参考价值

档案可以为人们的工作和研究活动提供参考。人类的社会活动具有多样性，因此档案所记录的信息和知识同样丰富多彩：有思想观点，也有实验数据；有社会变革，也有生产发展；有成功经验，也有失败教训。所以不论是机关行政管理还是生产建设，不论是科学研究还是宣传教育，都需要广泛地参考利用档案。研究档案资料，有利于了解和探索事物发展的过程及规律，及时总结历史经验和教训，因而具有广泛的参考价值。

基于档案的凭证价值和参考价值，档案在现实社会中发挥的作用也是多方面的，概括起来主要有以下几方面：行政管理的查考凭证，生产活动的参考依据，政治斗争的有力工具，科学研究的原始资料，社会维权的法律工具以及宣传教育的生动素材等。

四、档案管理工作概述

档案管理工作是指档案工作机构对档案实体和档案信息进行管理并提供利用服务的各项业务工作的总称，是国家档案事业最基本的组成部分。

档案管理工作是一项集管理性、服务性、政治性、机要性等特点于一体的工作，专门负责管理人们不同历史时期社会活动中形成的历史资料。在社会历史的各个阶段，档案管理工作都必然为一定社会的政治、经济、文化、科学等方面的发展提供信息服务。

（一）档案管理工作的内容与原则

1．档案管理工作的内容

档案管理工作的基本内容包括档案的收集、整理、鉴定、保管、统计、检索、编研和利用八个方面，人们习惯性地称之为档案管理的八大环节。这八方面工作的划分相对稳定但不是绝对的，比如价值鉴定工作，有时独立进行，有时与收集、整理工作结合进行，还有些时候在文件立卷归档时就要进行初步鉴定。档案管理的每项工作都必不可少，它们组成一个有机整体，为实现档案管理系统整体功能而发挥各自的作用，同时也相互关联、相互制约。

（1）档案的收集

档案的收集是档案管理工作的起点，对机构档案部门而言，就是将本机构内部各职能部门形成的文书材料及时归档集中管理。

（2）档案的整理

档案的整理是档案管理工作的中心内容，是日后开展档案利用工作的基础条件。对机构档案部门而言，就是将归档文书以件为单位进行整理，分别装订、分类、排列、编号、编目、装盒，将归档文书有序化的过程。

（3）档案的鉴定

档案的鉴定是决定档案取舍的关键环节，即是通过分析档案具有的各类特征，鉴定档案价值的大小，确定保管期限的长短，决定档案的存毁取舍等。

（4）档案的保管

档案的保管就是保护档案安全，最大限度延长档案使用寿命的工作，包括档案保护技术工作和档案机构的库房建设工作。

（5）档案的统计

档案的统计是以表格数据的形式，对档案及其档案管理过程的各种状况进行登记和统计，包括档案的收进、移出、整理、鉴定、保管、编研、利用等各方面的情况统计，为档案管理提供准确的信息支持。

（6）档案的检索

档案的检索又称为档案编目，是通过编制各种检索工具，建立科学合理的手工和计算机检索体系，为使用者查找档案提供便利条件。

（7）档案的编研

档案的编研是指档案管理机构以馆（室）藏档案为基础并结合单位及社会的需求，将所著录、标引的档案信息根据不同的用途，把内容上具有一定联系的档案资料组合成各类档案集合并对外公布或出版的工作。

（8）档案的利用

档案的利用也称为档案信息的输出，是指通过阅览、借阅、复制、展览、网站等各种方式方法，将档案信息直接或间接传递给利用者的工作，是档案工作服务功能的直接体现。

2. 档案管理工作的原则

（1）统一领导、分级管理原则

《中华人民共和国档案法》（以下简称《档案法》）（1987 年）第一章第五条明确规定"档案工作实行统一领导、分级管理的原则，维护档案完整与安全，便于社会各方面的利用。"这一规定成为指导我国各行各业档案管理工作的基本原则。

统一领导、分级管理原则是档案工作发展的客观需要，也是由我国的政治体制和基本国情所决定的，其具体内容包括：国家档案按规定分别由各级、各类档案机构集中管理；全国档案工作在各级人民政府的领导下，由各级档案行政管理机构统一、分级、分专业管理；对党政档案和党政档案工作实行统一管理。

（2）维护档案完整与安全原则

维护档案的完整与安全，是档案工作的基本要求。只有维护档案的完整与安全，才能维护党和国家的历史真实面貌，充分发挥档案的作用。

维护档案完整，一方面是指从数量上保证档案齐全，无残缺短少；另一方面是从质量上保持档案的有机联系，不能人为割裂分散或零乱堆砌。

维护安全则是指力求档案本身不受损坏，尽量延长档案的寿命；同时确保档案机密不丢失、不泄密。

（3）便于社会各方利用原则

为社会服务是档案管理工作的最终目标。在社会历史的各个阶段，档案管理工作都必然为一定的经济、政治、文化服务，否则它就不会存在，也难以发展。因此，档案部门应努力提高服务质量，围绕档案的利用做好各方面的工作。

我国档案管理工作的三个基本原则是辩证统一的有机整体。统一领导、分级管理是核心制度保障；维护档案的完整安全是物质基础；便于社会各方面的利用是最终目标。三者相互作用、相辅相成，共同促进档案工作的良好发展。

（二）档案管理人员的素质要求

档案管理是档案事业的重要组成部分，也是档案事业持续、稳定、健康发展的重要保证。档案管理人员素质的高低直接影响到档案业务工作的效率、质量和水平。社会的发展给档案管理工作者提出了新的更高的要求，作为新时期的档案工作者，必须解放思想、

与时俱进,努力提高自身的综合素质,具备良好的思想政治素质、过硬的业务素质、崇高的
职业道德、强烈的社会责任感,才能适应新时期档案事业的发展和要求。

1. 档案管理人员应具备良好的思想政治素质

档案工作是一项政治机要性很强的工作,档案人员直接管理着党和国家的重要机密,
没有较高的政治素质和强烈的责任感是无法担任此项工作的。档案管理者要树立正确的
人生观、价值观;加强政治理论学习,努力提高思想政治觉悟和辨别是非的能力。要运用
马克思主义、辩证唯物主义和历史唯物主义的观点、方法,研究分析档案工作的规律和特
点,解决档案工作的实际问题;要认真贯彻执行《档案法》、《中华人民共和国保密法》及相
关的各项规定,依法治档,维护档案的真实与安全。

2. 档案管理人员要具备较高的业务素质

档案管理工作是一项专业性、技术性很强的工作,档案管理的每个程序都有一整套的
理论和方法,要做好这项工作,档案管理人员必须加强平时的业务学习和钻研。只有掌握
了每个流程的理论和方法,才能保证各个环节的工作质量,提高工作效率。一个合格的档
案管理人员,首先要钻研本业务的基础理论知识和专业知识,掌握档案管理工作各个环节
的技能技巧,以便及时、准确、有效地为社会服务;其次,要努力学习与档案管理专业相近
学科的知识,树立开拓进取的创新意识;最后,要树立信息化、网络化意识,掌握现代网络
管理技术,利用现代科技提高档案管理水平,实现档案管理的科学化、现代化。

3. 档案管理人员要具备良好的职业道德素质

职业道德是指从事某行业的人员共同认可的,并在职业活动中应自觉遵守的行为准
则与规范。档案工作的特殊性,对从事这项工作的人员提出了很高的职业道德要求:档
案管理人员不仅要自觉遵守以"爱岗敬业、诚实守信、办事公道、服务群众、奉献社会"为主
要内容的社会职业道德,还应具有忠于党和人民的崇高思想,遵纪守法,严守机密;始终
坚持忠于历史的职业原则,维护历史面貌的求实精神,无私奉献的高尚情操以及艰苦拼搏
的顽强作风。在提供利用档案时,要正确处理好利用与保密的关系,注意从实际出发,具
体问题具体分析,并正确对待。

第三节　文档与文档工作

一、文书与档案的关系

(一)文书与档案关系辨析

文书是指人们在社会实践活动中利用书面形式表达意愿、进行沟通、说明情况和留作
凭证的一种文字记录材料,其本质属性是现行效用;档案是指国家机关、社会组织或个人
在社会活动中直接形成的、具有凭据价值和参考价值的各种形式的历史记录,其本质属性
是原始记录性。文书的功能在于传播形成者的意图,实施形成者的目标活动;档案的功
能则在于把处理完毕的文书经筛选后集中归档,方便日后参考使用。

从二者的属性和功能上可以看出,文书是现行工作中正在使用的文字材料,档案则是
已失去现行效用并经整理归档的文件。因此可以说,文书与档案实际上是同一事物在不

同使用阶段的不同表现形式,二者间的关系可以表述为文书是档案的前身,也是档案的重要来源之一;档案则是文书的延续,也是重要文书的最终归宿。所谓"今日之文书,明日之档案",正揭示了二者之间的联系与转化。

(二)文书与档案的区别与联系

文书与档案的关系包含以下几个问题。

(1)文书是档案的重要来源之一,而不是全部。

档案的来源具有多元化的特点,文书只是档案来源中相对重要的一部分。除了文书类档案,常见的档案来源还有许多非文书类的档案类型,如实物档案,包括保存下来的历史上形成的崖刻、碑文、牌匾、文物等,以及录音、声像、影像等其他类型的档案等,都是档案来源的组成部分。

(2)不是所有的文书都可以转化为档案。日常管理活动中产生的文书,只有一部分可以转化成档案。文书转化成档案应具备以下特征:原始记录性强、办理完毕、具有查考和保存价值。

(3)转化成档案的文书必须是已经处理完毕的文书,这时的文书不再具有现行效用,而是开始履行新的社会职能,即为人们提供凭据和参考价值。

(4)转化为档案的文书需交由特定的档案机构统一保管。

二、文书工作与档案工作的关系

文书是档案的前身,档案由文书转化而来,文书工作与档案工作之间是互相联系、互相渗透、互相影响的关系。文书工作是档案工作的前提和基础,文书工作开展的好坏,将对档案工作产生直接的影响;档案工作的开展,又决定了归档文书是否具备潜在的凭证价值、参考价值,以及潜在价值的开发利用程度。因此重视并解决好文书工作与档案工作的衔接,将文书工作与档案工作有机结合起来,有利于提高文档工作效率,更好地发挥文书档案的管理组织作用和凭证参考作用,为社会提供服务。

做好文书工作与档案工作的衔接,必须处理好以下环节。

(1)文书工作是档案工作的基础和前提,文书工作的状况直接影响着日后归档材料的质量。

文书制发的规范性是做好文书处理工作的基本条件,必须做好以下环节的工作:文书的撰写要符合相关的法律、法规,做到格式规范,观点正确;收发流程统一规范,注意及时收存文书的各类稿本以备后用;缮印的使用完整、规范,避免纰漏;辅助办理流程规范、高效。

(2)文书归档立卷工作是联系文书工作与档案工作的关键环节,应予以重视。

文书归档是文书工作向档案工作转化的结合点,是文书处理的终点,档案管理的起点,做好文书的归档立卷工作,应注意以下几方面的内容:首先,加强日常的文书收集、整理工作是做好归档立卷工作的保障。归档前秘书人员应采取有效措施广泛收集文书,以保障归档文书的完整与安全;其次,做好文书的日常立卷工作是保证归档工作顺利进行的必要条件。秘书人员应将收集到的文书及时进行整理,按照立卷目录进行科学分类组成完整案卷,以备归档使用;最后,将筛选后的归档文书进行组卷、整理、编目、装订及编写案卷,完成归档材料的移交工作。

(3) 档案的利用程度最终成为检验文书工作好坏的重要标准。

对档案材料的进一步鉴定、保管、统计与提供利用的各个环节,都能检验文书工作质量的好坏。

思　考　题

1. 概念辨析：文书、公文、文件。
2. 常见的文书稿本有哪些？
3. 简述文书工作的基本原则。
4. 简述档案工作的主要内容。
5. 简述文书与档案的区别与联系。

第二章

Chapter 2

文书处理

学习目标

1. 了解文书拟制的概念及主要流程；
2. 明确文书办理的概念界定，了解文书办理的主要工作内容与工作流程；
3. 明确文书管理的概念、作用，了解文书管理工作的主要内容与工作原则。

　　文书处理又被称为文书工作，是指国家机关或社会组织围绕着公务文书的拟制、办理、管理所开展的一系列工作。文书处理是秘书工作中最为重要的基础性内容。文书处理是一个复杂的系统工作，整个过程环环相扣。任何一个环节出现了问题，都会影响到整个文书工作的运行。所以秘书人员必须要遵循实事求是、精简高效的原则，尽职尽责地完成组织日常工作中的文书工作。

第一节　文　书　拟　制

一、文书拟制的概念与特点

　　文书拟制是指秘书部门以特定的文体来表达组织意图与目的的行为。文书拟制是实现文书从无到有、从无形到有形的具体环节，是文书与档案工作的第一步，是开展文书档案工作的前提。文书拟制的特点如下。

1. 代言性

　　组织文书拟制工作一般由文秘人员撰写，这种撰写的最大特点是并非个人意愿，而是受命于组织，带有较强的受命性和强制性。拟稿人只是组织与领导意图的代言人、代笔者,组织和领导才是文稿的立意者、文稿内容的确定者和相关权责的承担者,即真正意义上的作者。尤其是秘书草拟的讲话稿,不但要忠实于领导的授意,而且在遣词造句上也要符合领导的风格。

2. 集体性

组织文书的形成,要经过三个程序即领导授意→秘书拟撰→负责人审核。一些重要的文书拟写,往往要征求领导的意见或集体讨论后方可行文。定稿转变为定本,还要经过审核、签发、打印等环节。在文书拟制的过程中,拟稿秘书可能起到了主要作用,但绝非个人创作。严格意义上讲,拟稿秘书只是组织文书拟写的执笔人,组织文书是集体智慧和劳动的成果。

3. 政策性

政策性是组织文书的根本属性:一方面组织文书是传达、执行、贯彻党和国家方针、政策、法律法规的工具;另一方面文书中反映的问题、情况和决策、部署,一定要准确地反映政策精神,并与之一致,不允许随心所欲。

4. 实用性

实用是组织文书写作的最基本要求。组织文书说到底是为了解决特定的事项而专门制作的文书,写作时一定要切合实际情况。组织文书写作的实用性主要体现在以下几个方面:一是文书形成直接原因来自于工作实践的需要,是为了开展职能活动、办理公务、解决问题;二是组织文书的读者范围十分确定,秘书撰文时一定要考虑特定读者的实际情况,有针对性地提出务实的建议,以解决问题;三是文书写作的内容要实事求是,语言要务实,不可以走形式,空发议论。

5. 时效性

组织文书对组织职能活动有指导意义。由于组织职能活动具有一定的时间性和阶段性,所以组织文书的拟制一定要及时,讲究时限。否则就会因迟缓而贻误工作,错过时机,影响到组织工作的正常开展。

6. 规范性

组织文书属于应用文的范畴,不同的文种根据不同的需要和不同的对象,在体例形式上较为统一、固定,其格式、语言表达、符号与数字的使用等都具有稳定的程式和要求。组织文书写作,在形式上不能刻意求新,要严格遵循已有的规范。

二、文书拟制的过程

(一)立意

立意就是确立文书的主张与意向的过程。组织文书立意主要有以下几种途径:一是根据上级的政策精神立意;二是根据本组织领导和部门负责人的意图和要求立意;三是根据下级、组织内机构工作的实际情况立意。组织文书代表着组织的意志,其立意必须要与组织和领导的意图相一致,拟稿秘书不可以自行立意。

(二)收集材料

材料是阐明组织文书立意的事实和依据。组织文书所需要的材料主要有两大类:一是理论性材料,即党和国家的方针、政策、法律、法规、名人名言等;二是事实性材料,即组织职能活动中发生的真实事例和数据等。这些材料或来自于上级的指示精神,或来自于组织内容机构的反馈,或来自于书本报刊。不同的材料其获取的方式也不相同,秘书人员一定要注意收集。

(三)拟写提纲

拟写提纲就是秘书根据文书的主旨组织材料、勾画框架的过程。文书提纲可以写得详细些,也可以写得粗略些。篇幅不长的一般性文书,可以拟制简略的提纲,大致列出每个部分、每个层次的要点;篇幅较长、比较重要的文书,则需要拟制详细的提纲,提纲内容具体到每一个层次、每一个段落的材料使用。提纲反映着拟稿秘书撰写文书的整体思路,是一个很重要的文书构思过程,对于文书的落笔起草有着重要的导向作用。

(四)拟写初稿

主旨、材料、结构、语言是一切文章的构成要素。秘书拟写文稿,一定要做到内容与形式两者兼顾。

1. 主旨单一明确

(1)单一

所谓单一,是指一篇文稿只讲一件事情,只有一个中心。组织文书都有其特定的写作意图,或说明某项事务,或传达政策精神,或总结经验,或制定行动方案。这种写作意图反映在写作上,即形成了组织文书的基本精神和主要观点。组织文书在立意上应该一文一事,做到一篇文稿的主旨只有一个,不能出现主题模糊或多义的现象。

(2)明确

所谓明确,是指文稿所表达的意图或主张特别鲜明醒目。为了确保组织文书主旨明确,常见的写法是"片言居要",即通过标题现旨、篇首撮要、段首撮要的方式,直截了当地写明主旨。

2. 材料真实有力

(1)真实

真实是实用性文章的生命,而材料是保证文章真实的首要性条件。材料真实主要表现在三个方面:一是材料必须是真正发生过或存在过的事物,既包括时间、地点、人物,也包括数据、政策、法规等;二是材料要完全符合客观事实,不能有任何虚构的成分;三是材料的了解要精准全面,不能断章取义、以偏概全。

(2)有力

有力是指材料具有很强的说服力和表现力。有力的材料有三个基本的特征:首先是合旨,即材料与主旨密切相关,完全做到材料为观点服务;其次是典型,即材料最有代表性,能揭示出事物的本质特征;最后是新颖,即材料是新近产生的,包括反映新人、新事、新问题、新成果、新数据等。材料越有力,文书的实用价值就越高。

3. 结构完整严谨

结构是文章各部分的构造与布局。包括如何安排层次、段落,如何开头、结尾,如何过渡、照应等。合理的结构表现为:完整,即文稿要有头有尾,有分有合,不能存在有头无尾、突兀起笔、首尾无关等现象；严谨，即文章层次段落的安排要清楚明白，有先有后，有主有次，逻辑性强。应用文的基本结构形态有以下三种。

（1）篇段合一式

篇段合一式是指文章的正文部分只有一个自然段。篇段合一式结构适用于内容简单、篇幅较短的文章，如介绍信、证明、照转照发的通知、请示等。在写法上往往是开门见山，直言其事，一气呵成。

（2）总分式

总分式结构的文章，正文由两部分以上的内容构成，写法上或先总述再分述，或先分述再总述，或先总述、中间分述、最后总结。这种结构形态在实用性文书中用得最多。

（3）条目式

条目式是指文章内容以分条列项的形式予以表述。条目式结构适用于内容比较多、篇幅比较长的文章。具体写法上，可将义章的内容按其性质分成若干条项，冠以数字序号，或冠以小标题。这种结构形式往往与总分结构配合使用。

4. 语言实用简洁

语言是文章信息表达的载体。语言运用得好坏，直接关系到文章质量的高低。秘书写作中语言运用一定要把握住两点。

（1）实用

实用就是平实、有用。实用性书面语言，有以下三个基本特征。

① 平直朴实。

② 冷静客观，不用或少用议论和抒情。

③ 专业性强，即针对本系统或本行业的读者，经常使用术语、习惯语、数字、图表等。

（2）简洁

简洁就是指用较少的字表达较为丰富的内容。要使语言简洁，应注意以下几个问题。

① 精心锤炼语言，尽量做到用词精当、语句凝练。

② 尽力避免不必要的重复、堆砌，不说大话、空话。

③ 有意识运用片言居要，用概括简明的语言表述出具体事物或问题的本质属性。

④ 使用带有文言色彩的固定习惯用语。

（五）修改

修改是文章从内容到形式经过一番增、删、改、调，而趋于更加完美的过程，是文章由初稿到定稿的过程中不可缺少的环节，具体包括以下工作。

1. 内容上的修改

修改内容包括：基本主张是否正确；分论点是否支持主论点；材料是否真实有力；详略是否得当等。

2. 结构框架的修改

修改内容包括：上位论点与下位论点之间的逻辑关系是否严谨；段落的划分、顺序是否合理；各层次段落的衔接是否得当；篇幅的长短是否合适；段落大小比例是否匀称等。

3. 语言表达方面的修改

修改内容包括：遣词造句是否规范；引文有无错误、是否与注码对应；各层次的数序标码是否统一；图、表位置是否合适；标点使用是否正确等。

（六）审核

审核也叫审稿、核稿，是指秘书部门负责人或负责拟稿的业务部门的负责人对所拟文书进行检查审定的过程。核稿的重点包括以下几点。

（1）行文是否有必要性。

（2）文种的选择是否合理，行文格式、语言是否规范。

（3）文稿内容是否合法合规，是否与已有的现行文件进行了衔接。

（4）文件的措施、要求是否科学、明确、具体。

（5）是否需要其他职能部门协商或会签。

拟稿秘书所写的文件、文章、信函等，都应该由秘书部门指定思想觉悟高、业务水平高、文字修养高的高级秘书或部门主管来负责审核。审核合格者，负责人签字后才能印发；审核不合格者，需要修改或重写。

（七）签发

签发是指有权签发的领导对秘书呈送的文稿进行核准签字，准予组织内部传递或向外组织发出的过程。签发使拟文由草稿转变为代表发文机关的定稿，是文书印发前最后审定的关键环节。文稿一经签发，即可生效。组织中只有授予权限的领导才有签发权，签发人要对签发的文书全面负责。签发环节秘书的主要工作有以下几点。

（1）确定文稿是否需要签发。通常只用作内部资料保存的原始记录类文书和核心信息类文书，如大事记、总结、统计报表等可以不签发，而组织内部的一些事务性通用文书和规章制度类文书，如通知、通报、工作制度、章程等，必须要呈报领导签发。

（2）向有签发权限的领导呈送文稿。如果是联合行文，则需要将文稿送交给联合行文的所有单位负责人签发。

（3）签发时领导意见较多的文稿，秘书应该根据领导意见修改后再报签发。修改较少的，如果领导已经签发，则可以不再报签。

（4）对签发时领导提出意见较多的文稿，修改后可再报签发；只需稍加修改的，如果领导也已经签发，就可不再报；如果秘书转呈另一个承办单位的文稿，在签发中需要改动，则秘书在制文的同时，要退给原承办单位一份改动后的原稿。

三、文书拟制的原则

组织文书的写作必须要坚持以下三大原则。

1. 符合党和国家的方针、政策与有关的法律、法规

组织文书要与党和国家的方针、政策及有关的法律、法规相一致，不能有任何矛盾与抵触之处。表现在：一是主旨要合于法、合于规，做到观点正确；二是问题的提出、分析与解决，要符合政策、法律的要求。要做到这一点，拟稿秘书需要做到以下几点。

（1）认真学习国家政策方针与相关法律法规，将国法、国策烂熟于心。

（2）领会国家政策方针与相关法律法规的实质，吃透精神。

（3）结合本组织实际情况，贯彻国法、国策，并将其落实到组织文书的写作中。

2. 符合组织与领导者意图

组织文书要遵循忠实、完整、准确表达组织领导立意的写作原则。只有不违背组织领导立意，秘书拟制的文稿才能与组织整体公利目标相一致。为了使文稿忠于组织的制文意图，拟稿秘书需要做到以下几点。

（1）全面理解领导的授意，并完全理解领导立意的前提、背景与预期目的以及主要措施等。

（2）完整把握领导的思路，抓住问题的关键与本质。

（3）以领导授意为依据准确规范地安排文稿内容和结构。

总之，拟稿秘书写作过程中，采用什么文体、表达什么观点，一定要完全契合于组织意志和领导者的意图，不允许按自己的好恶取向自作主张。

3. 坚持实事求是的原则

组织文书的根本价值在于实用，所以秘书必须要以实事求是的态度和精神拟制文稿，具体要求如下。

（1）深入基层，调查研究，全面了解实际情况。

（2）实事求是地分析问题，并提出切实可行的建议措施。

（3）当发现领导授意与实际情况不符时，要勇于提出，并辅助领导修正立意。

第二节 文 书 办 理

一、收文办理

凡是由外部组织传送给本组织的公务文书和资料，通称为收文。收文办理的主要程序包括以下几点。

（一）签收

签收是指签字收取来文的工作，是收文办理的开端。签收时，要做好以下两项工作。

1. 检查

（1）检查封套上的收文单位是否为本组织，如果误投，则做退回处理。

（2）检查封套的外部形态是否存在破损污染的情形，并以此来判断封内文书的安全性。

（3）检查信封号码是否与送件人在签收登记簿上登记的号码一致。

2. 签字

对于封口打开的密件或邮票撕毁的函件，应拒绝签收。核定无误者，收件人在送件人的投递回执清单或送文簿上签名，标注收到日期，并转送到秘书部门。

（二）拆封和登记

1. 拆封

拆封又称为启封。来文拆封需要注意以下几点。

（1）注意拆封权限。通常来文拆封由单位指定秘书执行，其他人员不得随便启封。拆封的范围是：封套上标注送给本单位或本单位办公室以及单位"负责人"的所有信件。对于封套上标注有领导名字或"亲启"、"亲收"字样的，除领导授权外，秘书人员不得拆封。

（2）注意保持封套与封内文书的完整性。为减少对封套的破坏性，启封最好用剪刀或信封开启器。同时在取出文件时，一定要小心，不得损坏封内文书。必要时，还应该将空信封别在文书后面一并保存，以便发现错误后查对。

（3）注意秘密文书的保密性。封套标有秘密等级的，应按规定交给指定权限的人拆封、阅读。如果封套未做标注，拆封后发现封内文书有秘密等级的，拆封人员要负责保管到底，不得擅自扩大传阅范围。

2．登记

登记是有拆封权限的秘书人员对经手拆阅的文书进行逐项登记的工作。来文登记有两种登记形式：一种是收文登记簿、册形式的来文一览表，通常按一定的分类标准登记来文，旨在总体上掌握来文的相关情况；另一种是收文登记卡、单，一份来文做一份登记表，旨在个体上掌握每份来文的相关情况。来文登记的形式和登记具体内容由秘书部门根据本组织的具体办文情况来设计。通常中等规模党政机关的《收文登记簿》，对党中央国务院文件、省委省政府文件、市委市政府文件按发文机关名称分册登记，收文不多的规模较小的单位组织，则采用综合性的《收文登记簿》。收文登记内容包括顺序号、收文日期、来文信息等。收文登记簿格式如表 2-1 所示。

表 2-1　收文登记簿

序号	收文日期	来文单位	发文字号	秘密等级	缓急程度	文件题目	份数	附件	送件人	签收人	备注

需要注意的是，并非所有的来文都有登记的必要。各种公开或组织内部不属于秘密的常规性工作简报、一般性的抄件或越级的请示性文书、事务性通知、告知函、礼仪文书等不需要登记。

（三）审核

审核是指按照有关规定和规范对收文进行审查核实，以确保收文办理的有效性。审核的重点是：

（1）来文是否应该由本组织办理。

（2）来文是否符合行文规则，文种是否恰当，格式是否规范。

（3）来文内容是否合规合法。

（4）来文涉及事项是否需要协商、会签。

（5）是否符合文书起草的其他要求。如请示类文书必须有领导签发手续、转发性文书必须要附有被转发的原文件等。

经审核，不符合相关规定的文书，应当及时退给发文单位，并说明退文的原因及理由。

对于不规范的急件，在处理时应告知发文方行文的不妥之处。

（四）拟办

拟办是指秘书人员根据来文的具体情况，提出来文处理意见供单位领导或部门负责人参考核定的过程。拟办是秘书在办文工作中发挥辅助管理职能所开展的具体工作。为提高辅助参谋的效度，秘书在来文拟办过程中应做好以下几点工作。

（1）仔细阅读来文，明确来文目的。

（2）根据来文确定来文是否需要办理、办理的时限、由哪个部门主办、由谁来批示等问题。

（3）根据有关的政策法规以及类似问题的处理经验，提出拟办意见，包括处理来文的原则与方法、承办的具体部门或具体人、办理时限等内容。

（五）批办

批办是指单位领导或秘书部门负责人对拟办意见的批示。在批办环节，秘书的主要工作有以下两点。

（1）判断收文是否需要报批。并不是所有来文都需要领导一一批办，领导批办的对象主要是秘书呈送的来文。所以秘书人员准确把握领导的批办尺度十分必要。对于秘书能够处理或领导授权的来文，不必报批；秘书不能做主或无权做主的，一定要及时送批。

（2）辅助领导对来文做出明确的批办内容，批办内容包括以下三项。

① 批办意见。一般来说，批复的核心内容是就拟办的意见，即提出肯定或否定的意见。批办意见一般有三种情形：完全同意、不完全同意、完全不同意。完全同意拟办意见，领导以"同意"二字表明态度即可；对于后两种情形，则要直接提出修正意见。

② 批办时间。

③ 批办领导签名。

（六）承办

承办是指秘书或相关部门根据领导的批办意见，承接办理来文所涉及事务的过程。承办是收文工作的关键环节，是对来文所要求的办理事项具体落实的过程。在文书承办环节，秘书的主要任务有以下几点。

（1）如果来文处理需要秘书部门开展一些工作，如拟制一份新的文书、召开一次工作会议，则秘书人员必须要按照批示意见落实具体的事务。

（2）如果来文是其他部门或其他人承办，则秘书要完成来文的转送、转交工作。

（3）如果来文需要两个或两个以上部门办理，则秘书应当明确主办部门。

（4）如果来文是紧急文书，则秘书在文书交办过程中应该强调办理时限。

（七）催办

催办是秘书对文件承办情况进行及时检查和督促的过程。在来文催办中，秘书工作涉及以下几点。

（1）向承办部门或承办人确认办毕时限。

（2）及时了解文书办理的进展情况。

（3）督促承办部门或承办人按期办毕。

（4）紧急文书或重要文书的办理，要指定专人进行催办。

（5）向交办领导或有关部门回复催办结果。

（八）答复

收文办毕，秘书需要及时地将文书办理结果答复给发文单位，并根据需要告知相关单位。

（九）注办

注办是指收文办毕后，在收文办理单上简单标注收文处理情况。针对来文办理情况的不同，注办的内容也不尽相同。

（1）已办复的来文，需要标注"已办复"，并同时标注复文日期与复文号。

（2）已传阅的来文，需要标注"已传阅"，并同时标注阅件人、阅件日期与阅件意见。

（3）已在一定范围传达的来文，需要标注"已传达"，并同时注明传达人、传达时间与传达地点及传达的相关情况。

（4）采用其他方式办理的来文，需要标注"已办理"，并同时注明承办人、承办时间、承办结果等信息。

注办工作由来文承办人随时填写。注办结束，收文办理即告结束。

二、发文办理

凡是由本组织撰制并向外部组织发出的一切文书，统称为发文。发文办理的主要程序包括文书制作和文书制发两个阶段。文书拟制包括立意、集材、拟稿、修改、审核、签发等环节，文书制发阶段包括复核、登记、印制、检查、装封、发出、注发等环节。文书制作属于文书拟制的内容（详见第二章第一节），这里只介绍文书制发环节。

（一）复核

为确保质量，在正式印刷文书前，秘书部门需要对审签的文书进行复核。复核的重点有以下几点。

（1）审批、签发手续是否完备。

（2）负责人的签发意见、签发权限是否准确。

（3）文稿的内容、文种、格式是否合理规范。

（4）附件材料是否齐全。

在复核环节，如复核秘书发现签发文书的内容需要做实质性的修改，应报呈原签批领导重新审核，若文稿仅需对错漏文字、标点符号、文内序号等一般性问题进行修改，则复核秘书直接修改即可。文书复核是秘书部门对拟发文书又一次质量把关的机会，也是秘书部门的职责所在。因复核把关不严而导致发文出现明显错误的，由复核秘书承担相应责任。

（二）登记

登记是指秘书部门确定复核后的文书发文字号、分送范围和印制份数并详细记载的过程。各组织单位一般备有专门的发文登记簿，对发文的字号、发文日期、题名、秘密等级、紧急程度、收文机关、附件、份数、签发人等信息进行登记。发文登记，是文书管理、统计与查考的重要基础。

在进行发文登记时,通常组织对外发文和组织内部文件、密件与平件要分别登。发文登记簿格式如表 2-2 所示。

表 2-2 发文登记簿

序号	发文日期	发文字号	文件标题	秘密等级	缓急程度	收文机关	拟稿单位	签发人	份数	备注

(三)印制

印制是指秘书部门将文书定稿制成正式文书的过程。

1. 誊印

誊印是将符合规定的文稿善写誊清并印刷出来的过程。秘书在誊印工作中应该做到以下几点。

(1)誊印前查验文书,符合行文规定者方可打印。如有异议,应与核稿人沟通,不得擅自改动。

(2)誊印前认真核对原稿的文本格式、文字内容与标点符号等信息,以减少或消除差错。

(3)誊印的文书要规格统一、印刷及时。

(4)检查装订后的文书是否有缺页、错页、污损等情况。

(5)誊印涉密文书要在安全的环境中进行。

2. 用印

用印是指在文书正本上加盖机关或领导人印章的过程,是文书生效的一种标志。通常单位组织的公章由秘书部门专人保管。文书用印需要注意以下几点。

(1)明确需要用印的文书范围。并不是所有的发文都需要加盖印章,如会议纪要和以电报形式发出的法定公文、礼仪性公务文书不用加盖印章。

(2)组织负责人未签发的文书,不得用印。

(3)以组织名义发的,加盖组织印章;以部门名义行文的,加盖部门印章。

(4)印章要加盖在领导签发的文书正本末尾的发文单位和发文时间上。

(5)印章应该盖得清晰、端正。

(6)严禁在空白页上用印。文书末页无正文内容,则需要注明"此页无正文"。

(7)印章单位与发文单位应一致,否则需要说明情况。

(8)按照批准的发文数用印。

(四)核查

核查是指秘书部门对印制完毕的文书进行核查并分发的过程。这是秘书部分对发文质量的最后一次把关,主要侧重于形式的检查。工作内容包括以下几点。

(1)检查是否有文字上的瑕疵。

(2)检查格式是否规范。

(3)检查印刷质量是否合格。

（五）装封

装封即对检查无误的文书按发放范围进行分装的过程。具体工作程序如下。

1. 清点

除应发的文件外，随文发出的材料还有内回执、外回执、发文通知单、签收簿等。秘书人员在装封时，一定要做好清点和填写工作。

2. 写封

写封即填写发文信封或封套，写封时要注意以下两点。

（1）字迹要工整、清晰。

（2）收文组织与发文组织的信息要填写完整，不可使用不规范的简缩语。

3. 装封

装封即将内回执与发文按收文组织分别装入相应的信封或封套内。

4. 封口

封口的主要方法有：黏封、缝封、轧封和捆扎。如果发文是密件，还应该对其采取密封措施，进行印封，加盖密级戳记；如果是急件，应加盖时限戳记。

（六）发出

发出是将装封完毕的发文传递到收文组织的过程。具体途径有以下几点。

（1）邮局寄发，适用于一般性文书的传递。

（2）机要传递，即采用机要文件邮递系统或机要交通人员传递。适用于机要文件的传递。

（3）电信传递，即采用传真、电报、网络等方式传递。

（4）文件交换，即通过文件交换站直接传递和收取文件。

不管采用哪种传递方式，都要做到发文及时、安全，特别是秘密文件更要注意其传递环节的保密性。需要注意的是，文书传递时一定要履行相关签收手续。

（七）注发

注发是指秘书人员在发文稿纸或发文审批单上的"注发"栏简单填写发文情况的行为。填写内容包括发文单位、经手人、发出日期、发文号等。注发结束，发文办理工作即告结束。

第三节　文　书　管　理

一、文书管理的概念

文书管理的理解有广义与狭义之分。广义的文书管理是指组织文书从形成、办理、保管直至销毁或归档的全程管理。狭义的文书管理是指组织文书的整理、保管、利用、清理、销毁等工作。本章所说的文书管理是指后者，具体工作由组织内部专门的文书部门承担。文书管理是文书工作的重要组成部分，对保证文书的安全、提高文书的利用效度、坚实档案工作的基础有着重要的意义。

二、文书管理的原则

（一）统一管理原则

为避免推诿、拖延、混乱等现象的发生,提高文书工作的质量和效率,组织文书管理必须要实行统一管理。表现有三点。

（1）所有社会组织都要严格遵循党和国家有关文书工作的指导方针与法规条例,做到有法必依。

（2）同一系统的组织要严格遵循上级组织的文书管理制度,做到文书工作上下协同。

（3）各组织要根据本组织的实际情况制定文书管理制度,并指定特定的部门和人员对文书进行集中统一管理。

（二）分类管理原则

组织文书的分类管理包括以下两层含义。

1. 文书分类

文书分类的依据可以是文书的来源、性质、内容、文种,也可以是秘密等级、保管期限等。分类的依据由本组织的实际情况确定。为保持组织管理工作的延续性、规范性和统一性,文书分类标准一旦明确,就不能随便更改。

2. 对不同种类的文书实施不同的管理方法

不同种类的文书,其重要程度、使用频率、使用权限等也不尽相同。针对不同种类的文书实施不同的管理与控制方法,不但有利于文书的保存、查找与清理,而且也会大大提高文书管理的效率。

（三）安全管理原则

安全管理是文书工作的基本要求。具体要求有以下几点。

（1）不丢失,即文书载体或文书的部分内容不得出现缺失或丢失的现象。

（2）不流散,即文书要集中保管到指定场所,由专人管理,以防止文书分散流失。

（3）不损害,即文书的保管和使用过程中,要力避外因的破坏损伤。

（4）不泄密,即有秘密等级的文书不得出现漏密泄密的现象。

文书安全问题,贯穿于整个文书管理活动中。任何工作环节的疏忽大意,都会威胁到文书的安全性。因此,秘书人员在文书收集、整理、保管、借阅等工作中,一定要尽职尽责,防患未然。

（四）方便利用原则

文书价值在于为组织职能工作和社会活动提供服务,所以文书管理工作一定要遵循方便利用的原则。为达到方便利用的目的,文书管理部门以及相关人员应该做到以下几点。

（1）严格遵循相关的政策、法规、制度,做到文书规范管理。

（2）主动做好文书的收集、整理、清理等工作,为文书利用打下良好的基础。

（3）提高工作效率,及时地做好文书管理环节的各项工作。

三、文书管理的主要工作内容

（一）文书保管

这里的文书保管是指对归档前或销毁前的文书进行暂时保存管理的行为。组织文书保存通常是采用文件夹或文件盒存放文件的方法。为了做到井然有序、方便利用，文书保管应该抓好以下工作。

1. 分类

文书的任何一个特征，如责任者、密级、保管期限、时间等，都可以作为分类的依据。但在具体的操作中，文书的分类往往要注意以下几点。

（1）为实现文档管理一体化，文书部门暂存文书的分类方法应该与组织档案的分类方法相一致。

（2）为统一分类标准，文书人员应根据组织内管理文书与业务文书的规律性和周期性，结合组织档案形成情况，编制暂存文书分类类目。

（3）结合组织文书的归档范围进行分类，将该归档的文书和不该归档的文书分开保管。

2. 装盒（夹）

文书装盒（夹）要注意以下几点。

（1）按类装盒（夹）。将不同种类的文书归入到不同的盒（夹）内。

（2）文件盒（夹）应该标注文书类目。装盒（夹）文书必须与盒（夹）类目相一致。

（3）为便于查找与管理，编写装盒（夹）文书目录并装盒（夹）。目录内容包括文书题名、制作单位、成文时间等。

（4）难以归类的文书，应该单独装盒（夹）保存，并注明"待分类文书"。

3. 存放

为了暂存的文书不杂不乱、条理清楚，在摆放文书时一定要保持文书的有序性和安全性。

（1）有序

有序存放具体方法有以下几点。

① 盒（夹）内文书以目录的形式固定排放顺序。

② 文件盒（夹）、文件柜、文件库以编号的形式固定顺序，并按编号依次排序。

③ 编号排序与本组织的文书分类类目相一致。

（2）安全

为保证暂存文书的安全，应该做到以下两点。

① 存放的载体（文件盒、文件夹、文件柜等）要结实牢固。

② 存放的地点要利于安全保密。

（二）文书清退

文书清退是指秘书部门根据有关的制度和规定，将部分办毕的文书进行清理，并退回给发文组织或组织指定部门的工作。清退是精简组织文书、保证组织文书完整的重要方式。

1. 清退的范围

（1）上级组织下发给本组织的机密文件。

（2）征求意见的未定稿、讨论稿。

（3）标注有"清退"字样的文书。

（4）有重大错误的文书。

（5）组织内部传阅的文书。

（6）规定回收的会议文书。

2. 清退的方法

（1）需要办毕退回的文书，发文组织应该在发送文书上标注"清退"字样；发文组织每年第一季度向收文组织发出文书清退通知，并附上一年需要清退的文书目录。受文组织按清退通知及清退目录，及时向发文组织清退文书。

（2）需要退回的传阅文书，在文书上加盖"阅后退回存档"图章，提醒承办人员及时清退。

（3）秘书人员主动协助清退或催退应该清退而未做清退的文书。

（4）机密文书的清退由专人负责。

（三）文书销毁

文书销毁是指对没有保存价值的文书进行焚毁的行为。销毁是对文书的彻底性破坏，具有不可逆转性。因此，文书销毁要特别注意以下两点。

1. 文书销毁的范围

（1）没必要归档的各类文书。

（2）清退回来的重份文书。

（3）上级组织授权销毁的文书。

（4）翻印、复印的上级文件。

（5）没有保存价值的各类文献材料。

2. 文书销毁的要求

（1）按上级和本组织的授权范围和权限销毁文书。

（2）大批量文书销毁前，应先登记造册，列出销毁清单。

（3）销毁文书不得擅自进行，必须履行审批手续。

（四）文书借阅

1. 文书借阅范围

不同性质的文书，其阅读权限也不尽相同。文书借阅的范围具体表现为以下几点。

（1）党委文书、机密文书，通常有阅读权限，其阅读范围按有关规定确定，不得任意扩大。如果确有必要扩大阅读范围，必须请示主管领导。

（2）业务性的行政管理文书，通常不受阅读权限的约束，组织内部人员都可阅读。

（3）会议记录、考核谈话记录等文书资料，因涉及隐私，应严格控制阅读范围。

2. 文书借阅的程序

（1）审批

没有阅读权限的组织内部人员或组织外人员借阅文书，必须进行审批。主管领导批准后方可借阅。

（2）登记

借阅文书必须要履行借阅手续，进行相关信息的登记。登记内容包括借阅时间、借阅人、经手人、批准人、文书题名、归还时间等。

（3）归还

对于归还的文书，要当面清点并登记签收。未及时归还的文书，应该催还。

（五）文书翻印复印

为方便传达、传阅，有时需要对文书进行翻印复印。翻印复印文书要严格按照有关的规章制度进行，具体要求有以下几点。

（1）秘密文件和发文组织规定不能翻印的文书，不得擅自翻印和复印，确有工作需要的，应经发文组织或上级组织允许。

（2）下级组织发来的业务性文书，经本组织领导批准，可以翻印和复印。

（3）翻印件应注明翻印的组织名称、时间和份数。

（4）复印秘密件应加盖复印戳记，复印的秘密文件要像正本一样进行管理。

（5）根据实际情况控制翻印和复印数量。

思 考 题

1. 文书拟制的特点是什么？
2. 文书拟制的程序有哪些？
3. 文书办理包括哪些具体的工作？
4. 文书管理的内容有哪些？
5. 秘密文书应该如何管理？

文书归档与档案整理

1. 掌握文书归档的步骤和方法；
2. 掌握档案整理的流程和方法。

第一节　文书归档与档案整理概述

一、文书归档与档案整理的概念和关系

1. 文书归档

文书归档是指将已经办理完毕、且具有一定保存价值的文书材料,按照其形成过程中的自然联系,以"件"为单位,进行系统整理并移交给档案机构的过程。

2. 档案整理

档案整理是指档案机构对所接收档案进一步分门别类,进行规范化、系统化处理的过程。主要包括：区分全宗、全宗内档案分类、卷内文件系统化、案卷装封、案卷封面编目、案卷排列、案卷目录编制等内容。

3. 文书归档与档案整理的关系

归档是文书向档案转化的标志,是文书处理的终点、档案管理的起点。以"件"为单位整理完毕的文书,就是档案整理意义上的归档文件。归档文件整理是档案整理的基础,而档案整理是归档文件整理的延续。一般来讲,文书归档是由文书部门的秘书人员负责,档案整理是由档案机构的管理人员承担。但目前我国很多社会组织没有设立专门的档案管

理机构,而是秘书部门与档案管理部门合二为一,这种情形下,文书归档和档案整理工作也会合二为一,统一由该组织的秘书部门承担。

二、文书归档与档案整理的意义

(1)通过文书与档案整理,可以进一步了解和检验档案收集工作的质量,促进其改善和提高。

(2)文书与档案的系统整理,为全面鉴定档案价值、统计和保护档案奠定了科学基础。

(3)档案整理是档案利用、开放,发挥其价值和作用的前提条件,是开发档案信息资源的重要基础。

三、文书归档与档案整理的质量要求

1. 齐全完整

文书归档与档案包含的原始资料一应俱全并且完好无损。机关联合召开会议、联合行文所形成的文书材料原件由主办机关归档,其他机关将相应的复制件或其他形式的副本归档。

2. 符合档案保护要求

文书归档与档案材料要符合长期保存的要求。例如用纸、墨水、油墨、印油等文书物质材料、装盒材料必须易于耐久保存;档案文字图片等清晰工整;具备有效的审签或用印手续等。

3. 系统有序

文书档案必须要经过系统的整理,才能准确反映组织各项活动的真实情况和历史过程,符合其自然形成规律或特点。

第二节　全宗内文件与档案的分类

一、全宗

(一)全宗的概念

全宗是指一个国家机构、社会组织或个人形成的具有有机联系的档案整体。

(1)全宗是不可分割的有机整体。通常一个立档机构形成的全部档案就构成一个全宗。这些档案存在一定的联系,不能随意分割。

(2)全宗的设立机构应具有独立的法人资格。全宗的设立机构叫"全宗构成者",也叫"立档机构"。应该具有独立的法人资格,能独立行使职权,能以自己的名义单独对外行文。

(3)全宗既是一个整理单位,也是一条整理原则、一种理论。全宗作为一条整理原则、一种理论,也称为"全宗原则"和"全宗理论"。它是在文书归档和档案管理过程中产生的,对文书归档和档案管理有重要的组织作用。

（二）全宗的类型

（1）按全宗构成者划分，全宗可分为机关组织全宗和人物全宗。

（2）按全宗构成划分，全宗可分为独立全宗、联合全宗、全宗汇集和档案汇集。后三种是全宗的补充形式。

① 联合全宗。联合全宗就是两个或几个关系密切的立档单位形成的，难以区分而进行统一整理的档案整体。例如河北省手工业局、手工业联社联合全宗。

② 全宗汇集。全宗汇集是按照一定特征组成的、档案数量很少的若干全宗的集合体。例如：文革时期北京地区工矿企业全宗汇集。

③ 档案汇集。档案汇集是由不同立档单位形成的，按照一定特征集中起来的档案的混合体。例如：民国时期科技档案汇集。

（三）全宗号

全宗号是档案机构对其接收范围内各立档机构所编制的代号。对全宗编号，主要采用流水编号的方法。一个档案机构内全宗号不能重复。

二、全宗内文件与档案的分类

（一）分类的含义

分类就是把立档机构的文件或档案，按其来源、时间、内容和形式方面的异同，分成若干层次和类别。分类是文件归档和档案整理的一项基础性工作。

合理的分类，不仅能清楚地揭示出文书档案之间的内在联系、使本机构全宗成为一个有机整体，方便日后系统地提供利用，而且对排列、编目等后续工作的开展及档案机构系统化的管理都具有重要意义。

（二）分类方法

分类方法也称"分类标准"，选择合理的分类方法，很大程度上决定了档案分类的质量。常用的分类方法主要有以下几种。

1. 保管期限分类法

保管期限分类法即根据划定的不同保管期限对文件档案进行分类的方法。目前我国文件和档案的保管期限分为永久、定期两种，定期又分为30年和10年两种。重要的政策性、业务性文件，人事任免、机构演变等文件档案一般都要定为永久保管类；一般性文件档案则归入定期保管类。

2. 年度分类法

年度分类法即根据形成年度对文件档案进行分类的方法。这是分类方法中运用最广泛的一种方法。年度分类法可以反映一个机构每一年度工作的特点和发展变化情况。按年度分类时，需注意以下几点。

（1）一份文件可能会涉及多个时间特征，如签发日期、公布日期、收文日期等，一般来讲，文件应以其签发日期（即成文日期）为准来判定文件所属的年度。

（2）跨年度的文件，往往统一在办结年度归档，分类时也都归入办结年度。

（3）个别立档机构会使用专门年度的分类方法。如：立档机构是学校，一般都是以学年为单位开展工作，所以围绕教学形成的文件就会按教学年度分类，而其他文件仍按一般年度分类。

3. 组织机构分类法

组织机构分类法即按文件档案形成或承办部门进行分类的方法。组织机构分类通常采取以下方式。

（1）直接采用组织机构的名称作为类名。通常一个组织内有几个机构，就设几类。

（2）各类的次序按本组织的机构序列表的规定或习惯上的顺序来排列。通常是领导机构、综合机构排在前，然后依次排列各业务部门。

（3）采用组织机构分类法对文件进行整理，原则上是以哪个机构名义发文的文件就归入哪个机构的类中。如果遇到某些文件是由几个机构共同处理的，可根据具体情况而定：有主办者的文件一般要归入主办机构；由业务部门起草而以机关或办公室名义发出的文件，若其内容属于起草部门的职责或业务，则应归入负责起草的机构类中；若文件内容不明显，判断不出该归属哪个科室业务时，可将文件归入负责发文的综合机构。

（4）组织内设置的临时机构，应和其他机构一样设类，其形成的文件档案归入该类保存。有些临时机构是与该立档单位某一内部机构合署办公，那么形成的文件档案则应归入该内部机构类中。

4. 问题分类法

问题分类法也称事由分类法，即按照文件内容所记述和反映的问题进行归类的方法。这种分类方法适用于不设内部机构或内部机构较少、分工较粗、文件数量少的组织。

问题分类法能使内容性质相同的文件比较集中，较好地保持文件之间在内容方面的联系，便于按专题查找和利用。但是此方法主观性较强，应该慎重采用，特别是不要轻易打乱组织机构而先按问题分类。

（三）分类方法的组合

在实际工作中，单纯采用一种分类方法对文书档案进行分类的情况是比较少见的，更多时候是将年度、保管期限、机构、问题四种分类方法进行组合，形成多种复式分类法，如：年度—保管期限分类法、机构（问题）—年度—保管期限分类法、保管期限—机构分类法、年度—机构—保管期限分类法、保管期限—年度—机构分类法、年度—问题—保管期限分类法、年度—保管期限—问题分类法等。虽然组合式分类方法很多，但一个机构文书档案分类时只能采取其中的一种。

以下列举几种组合分类方法供大家参考。

1. 年度—保管期限—机构（问题）分类法

这种方法适用于立档单位内部机构经常变化但不复杂的全宗，现行机关的档案采用较适宜。例如：

2011 年　　　永久　　　　　财务处
　　　　　　　　　　　　　　人事处

......

2012 年	长期	财务处
		人事处

......

2. 机构（问题）—年度—保管期限分类法

这种方法适用于立档单位内部机构多年稳定或调整不大的全宗，一般多用于撤销机关的档案。例如：

财务处	2011 年	永久
		长期
	2012 年	永久
		长期
人事处	2011 年	永久
	2012 年	长期

......

3. 保管期限—年度—机构（问题）分类法

这种方法适用和内部机构较细、文件数量多的单位。例如：

永久	2011 年	财务处
		人事处
	2012 年	财务处
		人事处
	......	
长期	2011 年	财务处
		人事处

......

三、分类方案

（一）分类方案的概念

分类方案又称"分类大纲"，就是在确定了分类方法后，用文字或图表标列整个机构文件档案的各级类目名称。换言之，就是给每一份文件档案指定一个归宿点。

一个机构应结合自己的实际情况制定分类方案。方案确定后，要保持相对稳定，不宜有大的变动。如果遇到机构职能发生重大变化的情况，分类方案的调整也最好从一个新的阶段开始，对原有已经整理好的文件档案不再重整。同时在全宗介绍中对分类方案的调整情况加以说明，以方便档案管理工作的前后衔接。

（二）分类方案的编制

分类方案的结构一般由类、目、号组成，常以文字和图表形式显示，如表 3-1 所示。

表 3-1　××公司档案分类方案

一级类目		二级类目		基本范围
类目号	类目名称	类目号	类目名称	
1	党群工作类	1-1	党务工作	党委综合性工作、党员代表大会或党委其他有关会议,党委办公室其他事务性工作等
		1-2	组织工作	组织建设,整党建党,党员和党员干部管理,党费管理等
		1-3	宣传工作	理论教育,各种工作活动宣传,思想政治工作与精神文明建设等
		1-4	工会工作	职工代表大会,职工民主管理,劳动竞赛,劳保福利,女工工作,文化艺术和体育活动等
2	行政管理类	2-1	行政事务	企业综合性行政事务工作,厂务会议,厂长(经理)办公室工作,文秘工作,机要保密工作等
		2-2	人事管理	干部管理,工人招聘、录用、调配工作,企业劳务出口工作等
		2-3	后勤福利	职工生活福利,食堂,商店,幼儿园,农牧副业,职工住房,企业第三产业等
⋮	⋮	⋮	⋮	⋮
8	会计档案类	8-1	凭证	各种会计凭证
		8-2	账簿	各种财务账簿
		8-3	报表	各种财务报表
		8-4	其他	

1. 类

类,即类别,指文件档案的类别归属。如工业企业档案的类别设置为党群工作、行政管理、基本建设、设备仪器等 11 个大类。

2. 目

目,即条款、条目,指类别之下按一定要求概括出的每组文件档案的总标题。如"党委工作计划、总结"。

3. 号

号,即条款号、分类号,指各类目的标记代号。一类一目编一个号。如 1 党群工作,1-1 党委会会议记录、纪要、决定,1-2 处级领导班子民主生活会会议记录、汇报材料。

分类方案的编制,一定要科学、实用,符合本机构工作实际。分类方案的类目力求明确和具有系统性,既不能太烦琐,也不要太简化。过于烦琐会导致每个类目内归档的文书材料太少,很难形成卷盒;太简化了,又会出现个别文书不知道该往哪个类目内归档的情形。检验分类方案是否科学、合理的基本标准是:每份文件档案都有且只有一个归宿点。

第三节 文书部门归档文件整理

一、归档文书的整理

归档文书的整理主要是指文书部门将符合归档范围的各类文书以"件"为单位,进行装订、分类、排列、编号、编目、装盒,使之系统化、有序化的过程。

二、归档文书整理原则

1. 保持文书之间的内在联系

为方便管理和利用,在归档文书整理过程中,一定要考虑到文书形成时的固有联系,把有紧密联系的文书材料放在一起或组成一件。文书之间的内在联系主要体现在以下几点。

(1)来源上的联系,即机构内各部门的文书是该部门特定职能活动的历史记录,反映着该部门工作活动的基本面貌。保持文书之间来源上的同一性,就是保持了文书形成时的原始状态。

(2)时间上的联系,即机构内各部门不同阶段形成的文书,反映着该机构不同时期特定的职能活动过程,这些文书形成时间上先后有序,相互之间存在着交替、衔接等方面的自然联系。

(3)内容上的联系,即处理同一问题、处理同一事务所产生的文书在内容上具有高度的一致性。

(4)形式上的联系,即某些不同形式的文书具有不同的功能,反映着特定的工作关系或程序。如请示与批复、阶段报表与年终总结等。

文书之间的内在联系是多方面的,但来源上的联系是各种联系中的首要联系。只有在文书整理时保持了来源上的联系,文书在时间、内容和形式等方面的联系才会得到充分的体现。

2. 区分不同文书的不同价值

文书价值的大小是有区别的。文书归档整理需要依照相关规定,区分归档范围内不同文书的价值,然后划定不同的保管期限。一般来讲,那些保存价值大、保管期限长的文书,要进行重点整理和保管;那些保存价值小、保管期限短的文书,则根据条件区别对待;那些无保存价值、不需要归档的文书,则予以销毁。

3. 文书整理要便于保管利用

文书整理归档的最终目的是供社会利用,便于保管利用是检验文书整理归档方法实用性的唯一标准。

4. 以"件"为单位进行整理归档

本着简化整理、深化检索的宗旨,当前文书都是以"件"为单位进行整理归档。每份文书组成一件,具体表现为:正本与定稿为一件,正文与附件为一件,原件与复制件为一件,转发文与被转发文为一件,报表、名册、图册等一册(本)为一件,来文与复文为一件。

归档文书的整理原则中,保持文书间的有机联系和区分不同价值是手段,便于保管利用是最终目的。三者相互影响、相互制约。

三、文书归档的时间

归档时间是指文书部门将需归档的文书整理后交给档案机构的时间。归档时间必须要科学合理地掌握。归档过早,文书还处在运行和办理过程中,势必会干扰和影响正常工作,既得不到相关部门的配合,也不利于档案的完整齐全;归档过晚,则容易造成文件的丢失、损毁及失密、泄密事件发生。

实际工作中,文书部门可按以下方法灵活确定文书归档的时间。

1. 按年度归档

一般文书通常都可以以年为界限,一年一归档。即在第二年的年初,文书部门将上一年度本机构形成的适合归档的各种文书整理后,向档案机构交接,办理归档手续。

2. 按活动结束时间归档

遇到某些重大专项活动,文书部门可以在活动结束后对活动过程中形成的符合归档范围的文书及时整理,移交档案机构。

3. 按工作阶段归档

对那些形成、办理周期长、程序复杂的文书材料,可以按工作进展的不同阶段将其分段收集整理、移交归档。

4. 随时归档

对那些机密性较强的文书,为避免丢失和泄密,应随时归档。

四、文书归档的范围

文书归档范围是指文书部门对本组织文书的接收范围。不同性质与类型的组织,其文书的归档范围往往存在一定的差异。但是,各组织能够进入归档范围的文书都必须要符合三个条件:一是本组织形成的文书(包括收文、发文、内部文件)才能归档;二是办理完毕的文书才能归档;三是具有保存价值的文书才能归档。

根据我国有关档案制度的规定,参照国家档案局颁布的《机关文件材料归档范围和保管期限规定》,文书归档和不归档的范围大致可归纳如下。

1. 文书归档范围

(1)反映本组织基本历史面貌的文书材料,如:大事记、组织改革、机构设置、人员编制等文件材料。

(2)反映本组织主要职能活动的重要文件资料,如:党群工作文书、行政管理工作文书、生产经营工作文书、生产技术类文书、基础设施类文书、财务管理类等。

(3)反映本组织人事管理活动的重要文书材料。如:人员履历材料、人事任免文书、人员考核与评聘文书、工资与待遇方面文件资料等。这些文件资料具有较为长远的利用价值和凭证价值,是组织的核心资料。

(4)本组织需要贯彻执行的上级、同级或不相隶属机构的文件材料和下级报送的重要文件材料。

(5)其他对本组织工作具有查考价值的文书材料。如:合同、协议、重要文件的修改稿等。

2．文书不归档范围

（1）本组织收发的不需办理的普发性和一般性文件材料。

（2）任免、奖惩非本组织工作人员的文件材料。

（3）供工作参考而搜集的各种文书资料。

（4）本组织的重份文书。

（5）没有查考利用价值的事务性、临时性文书。

（6）一般性文件的校稿、改稿和组织内部互相抄送的文书。

（7）本组织负责人在外单位兼任所形成的与本组织无关的文件材料。

（8）本组织的未生效文书。

五、文书归档整理的步骤

（一）归档判断

文书部门根据国家相关规定、行业标准和本机构的实际情况，首先确定文书材料的归档范围，依据本机构文书归档范围，正确区分归档和不归档文书。需要归档的进行收集整理，不需要归档的做退回或销毁处理。在确定了文书材料归档范围后，收集时既要保证材料收集齐全完整，又要防止"有档不归"和"有文必档"。

（二）按件装订

归档文书的装订也是以"件"为单位，将归档文书用符合档案保护要求的方式固定在一起。装订需要做好以下工作。

1．文书修整

归档文书装订之前，应该对不合要求的归档文书进行必要的修整。

（1）剔除多余的重行文件和不要的复制件。

（2）有缺张少页或附件等不齐全的应没法补齐。

（3）有破损的应予修整。

（4）字迹模糊或易退变的文件应予以恢复或复制。

（5）重要的传真件必须进行复制。

（6）去掉原来文件上会生锈的金属物，用细线或其他对纸张无损害的黏合剂重新将文件订（粘）合。

（7）国内归档文书的尺寸，一般以 A4 纸为标准，归档文书的尺寸大于 A4 纸规格的，按 A4 纸规格进行折叠或裁剪；小于 16 开规格及破损的要进行托裱。

2．件内文书排序

归档文书以"件"为单位装订。装订时，正本在前，定稿在后；正文在前，附件在后；原件在前，复制件在后；批转或转发文件在前，被批转或转发文件在后；收文处理阅办单在前，正式文件在后；来文和复文作为一件时，复文在前，来文在后；汉文本在前，少数民族文本在后；中文本在前，外文本在后（有特殊规定除外）；重要法规性文件的历次修改稿依次排列在定稿之后；出版期刊，样本在前，定稿在后。另外，有价值的文书处理单需要保留的,装订时应置于相关文件之前,按文件首页对待。

3. 装订

（1）装订要求

装订要符合两个基本要求:一是装订内容完整;二是便于文件的保护和利用。

（2）装订技巧

① 选用不影响档案寿命的不锈钢订书钉装订,较厚的文件可以采用"三孔一线"的线装。

② 装订方式要维护文件的原貌,不得出现多页、缺页、混页等现象。

③ 装订未经数据化处理的文书,不宜用乳胶或缝纫机来装订(因为会影响以后将该文书拆订、扫描)。

④ 装订归档文书应左侧对齐装订,钉距适当,清洁平整。

以"件"为单位装订完毕的文书组合,就正式成为了档案管理意义上的归档文件。

（三）归档文件分类

归档文件分类就是把立档机构的文件,按其来源、时间、内容和形式方面的异同,分成若干层次和类别。可以使用年度—机构—保管期限分类法、保管期限—年度—机构分类法、年度—问题—保管期限分类法等(详见本章第二节)。无论使用哪种分类方法,都必须保证同一全宗内的文件使用的是同一种分类方法。

（四）归档文件排列

归档文件的排列就是在按事由结合时间、重要程度等确定归档文件先后顺序的过程。这样既可以体现出归档文件之间的有机联系,又便于检索利用。

归档文件的排列方法主要有以下几种。

（1）同一事由的文书按形成的时间顺序或重要程度排列。日期在前的排在前面,日期在后的排在后面;或者相对重要的放在前面,其他的文书放在后面。

（2）不同事由的文书材料,可按事件或问题结束的时间顺序或重要程度进行排列。

（3）会议文件、统计报表等成套发生文件可集中排列。

（4）因故在整理时未能及时归档或零散归档的文书材料,可将其排列在相应类别的最后,并在备考表中加以说明。

归档文件排列好后,应固定顺序,以便保护文件和查找利用。

（五）归档文件盖章编号

1. 盖章

归档章一般加盖在每份归档文件的首页上端空白处。归档章的规格一般为 45mm×16mm,设 6 格。归档章样式如图 3-1 所示。

全宗号	年度	室编件号
机构(问题)	保管期限	馆编件号

图 3-1　归档章式样

2. 编号

归档文件编号是指将归档文件在全宗中的位置标识为符号,并以归档章的形式在归档文件上注明。

(1) 全宗号:即档案机构对其接收的立档机构全宗的编号。如某一立档机构的全宗代号为"18",那么归档章左上全宗号一栏内就填"0018"。立档机构没有(或暂未给定)全宗代号的,此栏暂时空置,计算机中可以设置为"0000"代替。

(2) 年度:即归档文件形成处理的年度。用阿拉伯数字标注公元纪年,如:2012。

(3) 保管期限:即依据各个机构的档案保管期限表及文件的保存价值情况确立的文件保存时限。在归档章相应栏目内填写归档文件保管期限的简称或代码:"永久"、"10 年"、"30 年"。

(4) 机构(问题):即归档文件分类方案类目中的"机构"或"问题"名称(规范化简称)。如"计财处"、"党群类"等。如果归档文件在进行分类时没有采用机构或问题分类法,则此栏空置。

(5) 室编件号:即归档文件在分类、排列后,其位置得到确定,此时编制的排列顺序号称为室编件号。在分类方案中,室编件号是最低一级类目中的流水号,通常按文件排列顺序从"1"开始标注。

(6) 馆编件号:移交档案馆时,因为再鉴定、整理等原因,归档文件在全宗中的位置会发生变化,此时按照新的排列顺序重新编制的件号,称为馆编件号(此栏目立档机构不填写)。

(六) 归档文件编目

《中华人民共和国归档文件整理规则》中明确规定:"归档文件应依据分类方案和室编件号顺序编制归档文件目录"。归档文件编制目录的目的是系统、全面地揭示归档文书的全貌。归档文件目录设置件号、责任者、文号、题名、日期、页数和备注等项目,使用国际标准 A4 型(297mm×210mm)纸张。归档文件目录如表 3-2 所示。

表 3-2　归档文件目录

件号	责任者	文号	题名	日期	页数	备注

填写说明如下。

1. 件号

归档文件目录中的件号是指"室编件号"。件号代表着目录内各条目的顺序,与归档章上的室编件号和文件的实际排序一致。

2. 责任者

责任者即填写发文机关全称(规范化简称)或文件署名者,一般以文件的盖章或署名为准。没有署名的归档文件,编目时要根据文件内容、形式等特征对责任者加以考证并填写。

3. 文号

文号即填写文件的发文字号。

4. 题名

题名即填写文件标题,通常应照实抄录。没有标题或标题不规范的文件,该项可根据文件内容自拟或补充标题,外加"〔〕"。

5. 日期

日期即填写文件的形成时间,一般以落款中的成文日期为准,要求年月日俱全,阿拉伯数字标注,如 2012 年 7 月 2 日该项应标注为 20120702。

6. 页数

页数即填写每份归档文件的总页数。

7. 备注

备注即简要注释文件需要补充和说明的特殊情况。如密级、缺损、移出、修改、补充、销毁等。

归档文件目录应单独装订成册并编制封面(如图 3-2 所示),一般一年一本。归档文件目录封面的填写项目有:全宗名称,即填写立档机构的全称或规范化简称;年度,即填写每本目录所登录文件的形成年度,如"2012"或"2012—2013";保管期限,根据目录中所登文件的保管期限,直接填写永久、10 年或 30 年;机构(问题),填写盒内归档文件的所属机构(问题)。为了使目录既美观又便于保护,每本目录都应统一编写页码,从"1"开始编在目录右上角,以便检索;每本目录的厚度不应超过 2cm;每本目录装订时,要使用统一的归档文件目录夹。

```
            归档文件目录




      全宗名称_____
      年    度_____
      保管期限_____
      机构(问题)_____
```

图 3-2 归档文件目录封面

(七)归档文件装盒

归档文件装盒是指按件号顺序把归档文件装入档案盒,然后填写备考表、档案盒封面及盒脊项目等。

1. 装盒的注意事项

（1）归档文件要严格按照件号的先后顺序装入档案盒，并与归档文件目录中相应的排列顺序保持一致，以便保证检索到文件条目后能对应地找到文件实体。

（2）归档文件比较多时，可以按排列顺序单独装一盒或几盒。不同年度、不同保管期限、不同机构或问题的文件不能放在同一档案盒中。文件数量较少，装不满一盒时，也不能和其他文件混装，而应通过使用不同厚度的档案盒来解决。

（3）装盒的文件顺序是从上至下，最底下是备考表。文书装订线一边靠案盒里侧装。

2. 档案盒封面和盒脊项目的填写方法

目前市场上的档案盒多种多样，材质以牛皮纸和塑料为主，多数立档机构和档案室使用无酸纸制作的牛皮纸档案盒。外形尺寸为 310mm×220mm，盒脊厚度可以根据实际需要设置为 20mm、30mm、40mm 等。档案盒的盒脊设有全宗号、保管期限、年度等项目。档案盒封面和盒脊样式分别如图 3-3、图 3-4 所示。

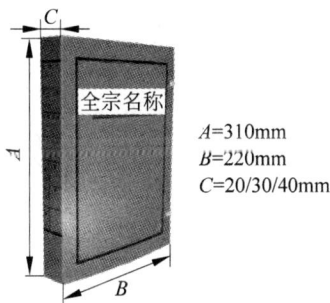

图 3-3　档案盒封面样式及尺寸　　　　图 3-4　档案盒盒脊式样

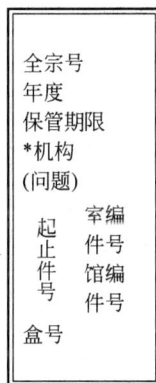

档案盒封面和盒脊项目的填写方法如下。

（1）全宗名称：填写立档机构的全称或规范化简称。

（2）全宗号：档案机构给立档机构编制的代号，未给全宗号的暂空置。

（3）年度：填写盒内归档文件的形成年度。

（4）保管期限：填写永久、10 年或 30 年。

（5）机构（问题）：填写盒内归档文件的所属机构（问题）。

（6）起止件号：在室编件号一栏填写盒内归档文件排列最前和最后的文件件号，用"—"号连接，暂用铅笔编写。

（7）盒号：档案盒的排列顺序号，归档文件移交后由档案机构填写。

3. 填写备考表

归档文件装盒后，需要在每盒文件的最后面放置一份备考表。备考表如图 3-5 所示。

备考表

盒内文件说明：

整理人：________

检查人：________

年　月　日

图 3-5　备考表

备考表的填写说明如下。

（1）盒内文件说明：主要填写盒内归档文件的齐全完整程度，损坏、修改、补充、移出、销毁等情况。

（2）整理人：负责整理归档文件的人员姓名。

（3）检查人：负责检查归档文件整理质量的人员姓名。

（4）日期：填写归档文件整理完毕的日期。

第四节　档案机构档案的整理

一、档案机构档案整理的内容

归档文件整理好装盒后，文书部门要将其整体移交给档案机构进行保管。归档文件正式转化为档案，档案机构还要对其进行进一步的系统化整理。档案机构档案整理的主要内容有以下几点。

1. 对归档文件进一步系统化整理

档案机构接收了文书部门或业务部门按要求完成归档的档案后，除检查其整理质量外，还要继续在新的整理范围内对档案进行系统排列、编目以及分类。最后以全宗为单位排列上架。

2. 对不合理档案进行局部调整

对接收时已经整理但不完全符合要求的档案，档案机构要进行局部加工整理；对因客观原因导致整理体系发生重大变化的档案,需要进行新的系统化调整。

3. 对零散档案全面整理

对于必须接收和征集的零散档案,档案机构要进行包括整理工作全部内容的系统化和编目。

二、档案整理的原则

1. 充分利用原有的整理基础

即重视、利用先前整理的基础,不轻易打乱重整。充分研究、利用原来整理的成果,不轻易破坏以往整理、保存的历史状况。

2. 保持全宗内档案的历史联系

档案整理时分门别类,保持全宗的完整性,使整理好的档案能反映立档机构历史活动的真实面貌。

3. 便于保管利用

三、档案机构档案整理的过程

档案机构档案整理的全过程包括区分全宗、全宗内档案分类、立卷、卷内文件系统化、案卷排列、案卷装封、编制案卷目录、案卷封面编目等工作。

(一)区分全宗

档案机构对档案进行整理时,先要准确地区分全宗,正确判定档案所属的全宗。

(二)全宗内档案分类

全宗内档案的分类,就是把立档机构所形成的档案,按其来源、时间、内容和形式的异同,分成若干层次和类别,使全宗内档案构成一套有机整体。常用的档案分类方法有年度分类法、组织机构分类法、问题分类法。(参照本章第二节内容)

(三)立卷

全宗内档案经分类后,将各个类目内文件系统整理组成案卷的过程,称为立卷(也叫组卷)。案卷是按照一定主题等内部特征或外部特征编立的、具有密切联系的若干文件的组合体。它既是档案的保管单位,也是档案数量统计和一般检索的基本单位之一。

移交时已经完成立卷工作并符合要求的档案,档案机构无须重复此项工作。未完成或不符合规定的,档案机构要组织专人负责重新立卷。(参照本书第二章第二节)

(四)卷内文件系统化

卷内文件系统化是检查(填写)归档文件目录、备考表,检查归档材料是否规范化的过程。归档文件目录、备考表的编制与填写详见本章第三节的相关内容。

(五)案卷排列

案卷排列是将案卷有序化的过程,就是在分类组卷的基础上,按一定的方法,确定每个案卷的位置,保持案卷之间的联系。

案卷排列的方法有很多,最常见的有两种:一种是按照案卷所反映的工作上的联系排列；另一种是按照案卷内容所反映的一定问题排列。

（六）案卷装封

档案机构将案卷装订成册或使用适当的案盒装封，以固定和保护卷内文件，避免其散失或损坏。

（七）编制案卷目录

案卷目录是包括案卷号、案卷题名、保管期限、页数等基础信息的表格。

案卷目录是案卷的名册，是查找利用档案最基本的工具。案卷目录应编制一式数份，其中一份日常使用，其他份备用。

案卷目录一般包括封面和扉页，格式分别如表3-3、表3-4所示。

表3-3　《机关档案工作业务建设规范》规定的案卷目录封面格式

目　录　名　称

（年或组织机构）

全宗号：　　　　　　　　　　档案室编目录号：

保管期限：　　　　　　　　　档案馆编目录号：

表3-4　《机关档案工作业务建设规范》规定的案卷目录格式

案卷号		题名	年度	页数	保管期限	备注
档案室编	档案馆编					

（八）案卷封面编目

卷内文件整理完结之后，要以案卷为单位在封面上编目。

案卷封面主要明确案卷题名、立档单位、起止日期、保管期限、秘密等级等内容。案卷封面式样如图3-6所示。

案卷题名

立档单位_____

起止日期_____

保管期限_____

密　　级_____

图3-6　案卷封面式样

思　考　题

1. 文书归档工作的内容主要有哪些?
2. 简述全宗的含义和类型。
3. 什么是分类? 常见的分类方法有哪些?
4. 档案整理的一般流程是什么?

第四章

Chapter 4

档案收集与鉴定

学习目标

1. 了解档案收集工作的内容；
2. 掌握档案收集的方法；
3. 掌握档案价值鉴定的标准和方法；
4. 学会编制和使用档案保管期限表；
5. 熟悉我国现行的档案销毁流程。

第一节　文件移交与档案收集

一、文件移交与档案收集概述

（一）文件移交的含义

文件移交是指归档文件经文书部门的系统整理后，通过归档方式，在一定的时间内移交给档案机构的过程。

（二）档案收集的含义

档案收集就是按照党和国家的规定，通过例行的接收制度和专门征集的办法，把分散在各机构、各部门及个人手中有价值的档案分别集中到各级档案机构进行科学管理的工作。

（三）文件移交与档案收集的关系

文件移交与档案收集是既有联系又有区别的活动。

1. 二者工作的对象具有一致性

文件移交的对象是经过系统整理后的文件,档案收集的对象主要包括归档文件。

2. 二者的工作主体不同

一般来讲,文件移交的主体是机构内的文书部门,档案收集的主体是档案机构。

3. 二者工作内容的范围大小不同

文件移交工作的内容范围远远小于档案收集工作的内容。文件移交只负责把本机构归档文件移交档案机构保管;档案收集除了接受文书部门移交的归档文件外,还要收集某些零散档案和其他机构的归档资料。

4. 二者在档案管理中所处位置不同

文件移交是文书处理的终点,档案收集是档案管理的起点。

（四）文件移交工作的主要内容

（1）文书部门负责移交,档案机构负责接收。

（2）文书部门提供归档文件(移交)目录,至少一式两份。

（3）档案机构根据归档文件目录对文件进行逐件清点。

（4）档案机构检查归档文件整理质量,核对移交目录。

（5）验收合格后,交接双方在移交目录上签名。

（6）不符合归档要求的文件,文书部门领回补充完善。

（五）档案收集工作的主要内容

（1）档案机构对本机构需要归档档案的接收。

（2）档案机构对所辖区域内现行机构和撤销机构具有永久、长期保存价值档案的接收。

（3）对历史档案的征集和接收。历史档案主要指中华人民共和国成立之前,国内各机关、团体、企事业单位及著名人物在社会活动中形成的档案,包括革命历史档案、民国档案等。接收、征集历史档案是各个档案机构丰富自身馆(室)藏的重要手段。

二、档案收集工作的要求

1. 归档和进馆档案应当种类齐全、内容完整、质量优化、结构合理

档案机构是档案的集中存放基地和档案研究利用的中心,档案机构所藏档案的种类是否齐全,内容是否完整,结构是否合理,质量是否优化成为衡量档案机构工作做得好坏的一个重要标志。所以档案机构必须收集和保持足够种类及数量的档案资料。这些档案资料要完整、不缺损、强调优选、重视质量、结构安排科学合理。

2. 加强档案机构外的调查和指导

档案收集过程中应重视档案机构外档案业务工作的调查,尽可能多地掌握收进档案机构的档案在形成、流动、管理、使用等方面的信息,以便科学地安排和指导各有关单位或部门的档案移交工作。

档案收集要加强调查研究,使之符合接收的要求。收集时既要防止"过早接收",又要避免"拒之门外"。从全局出发统筹安排,妥善处理好局部与整体、当前与长远的关系,做到既有利于保护国家的历史文化财富又方便社会各方面的利用。

3. 保持全宗和全宗群的不可分散性

全宗群是指由若干在时间、地区、性质等特征方面具有密切联系的全宗组成的群体。全宗群这个概念只在档案馆使用。档案收集时,必须保持全宗和全宗群的完整,不允许人为的分割。档案收集时保持全宗的完整,能全面反映一个机构的历史面貌;保持全宗群的完整,则能反映出一个国家或地区某个历史时期的全貌,同时也对档案鉴定、保管、检索、编研及利用等提供了方便。

4. 积极推行入库档案的标准化

在档案收集阶段,积极推行入库档案的标准化是档案管理工作标准化的第一步,也是档案管理现代化的基础。档案收集时一方面要认真贯彻执行国家档案局制定的相关文件和标准,另一方面也要多借鉴地方和国外的先进经验做法,逐步形成一套科学系统合理完善的统一标准。

三、档案收集的方法

目前我国档案机构收集档案的方式方法大体有以下几种。

1. 依法收集档案

根据我国《档案法》的有关规定,档案形成单位定期或不定期地向对口档案机构主动移交相关档案,而档案机构则依法、依程序步骤接收档案。为了维护档案安全和国家利益,特殊情况下档案机构可以采取强制性法律或行政措施收集档案。

2. 协议接收

有些时候,档案机构会和有关单位本着互利原则或出于共同的社会责任,就移交档案事宜达成协议;法定接收范围以外的某些组织或个人(主要是非国有组织和个人),档案机构也可以采取协议的办法接收他们移交的档案;法定移交档案的组织,经过和档案机构的协商,在档案接收时限上视情况提前接收或延期接收。

3. 社会捐赠和寄存

我国《档案法》规定:集体和个人所有的有价值的档案,档案所有者可以向有关档案馆捐赠、出售,或交由档案馆寄存。通过接收社会捐赠和寄存这种方式,档案机构可以收集或收藏不属于法定向档案馆移交档案的组织和个人手中对国家和社会有价值的档案。

4. 有选择地购买

《档案法》规定:"集体所有的和个人所有的对国家和社会具有保存价值的或者应当保密的档案,档案所有者应当妥善保管。对于保管条件恶劣或者其他原因被认为可能导致档案严重损毁和不安全的,国家档案行政管理部门有权采取代为保管等保持档案完整与安全的措施;必要时,可以收购或征购。"因此,对于那些散存在社会和民间,对国家和社会确有保存价值的档案材料,当收藏者不愿捐赠、寄存,但愿意出售时,档案机构可根据其价值和自身经济能力,选择性地购买。

5．主动生成

档案机构可以在条件允许的情况下,主动参与一些重大活动、重大工程、重大事件的拍照或拍摄,生成声像档案,以填补馆藏不足,同时降低档案收集成本。

四、档案接收标准和程序

(一)档案接收的标准

各级各类档案机构都会根据实际,制定出符合自身情况的档案接收制度或细则。从范围、时间、质量等方面对接收档案做出明确规定,其中质量标准最为重要,此处仅做简要说明。

文书档案的接收质量要求通常是:文书材料收集齐全完整,排列规范有序;保管期限划分准确;页号、件号编制准确、规范;归档文件目录项目填(录)制正确、完整、规范;备考表填制完整;案卷题名简明扼要;案盒封面、盒脊项目填制完整、规范;装订符合要求;装具规格一致,符合国家标准。

科技档案案卷质量符合《科学技术档案案卷构成的一般要求》;专业档案符合各专业档案的整理编目规范。如会计档案案卷质量符合《会计档案管理办法》、《会计档案案卷格式》;声像档案中照片档案质量符合《照片档案管理规范》;磁性载体档案质量符合《磁性载体档案管理与保护规范》;电子档案符合相关电子档案整理规范。

(二)档案接收的程序

档案机构接收档案的具体流程主要包括以下三个方面的内容。

1．检查

档案接收部门对即将接收的档案进行检查,确认符合规定和标准的,直接接收或商定交接日期。不符合有关标准的,提出整改意见,待复检后,再行接收或商定交接日期。

2．交接

交接双方按有关规定填写档案交接文据,签字盖章,一式两份,双方各保存一份。常用的档案交接文据有档案移交目录(如表 4-1 所示)或档案移交清单(如表 4-2 所示)。移交档案数量较多时,可将所有清单排列于移交清单封面(如表 4-3 所示)后装订成册。

表 4-1 档案移交目录

序号	档号	案 卷 题 名	日期	页数	密级	保管期限	备注

移交单位: 接收单位:

移交人: 接收人: 时间:

表 4-2 ××档案资料名称移交清单

档号： 共计 卷

序号	案卷号	题名	立卷单位	件(页)数	备注

移交单位：(盖章) 接收单位：(盖章)

移交人： 接收人：

接收日期： 年 月 日

第 页/共 页

说明：有封面时,交接手续内容填在封面,表底不填。

表 4-3 档案资料移交清单封面

(档案资料名称)
移交清单
第×册 共×页
(共×册)

移交单位：(盖章) 接收单位：(盖章)
移交人：(签字) 接收人：(签字)

接收日期： 年 月 日

3. 处理

档案机构将其他机构移交的档案接收后,先登记造册,然后进行入库前的除尘杀菌处理。

第二节　档　案　鉴　定

一、档案鉴定的含义

档案鉴定通常是指对档案价值(即对社会的有用性)的鉴定。档案鉴定是判断档案价值、决定档案存毁的一项重要工作。它存在于文书归档阶段、档案整理阶段和档案利用阶段。

决定档案价值的因素主要有两个方面。

1. 档案自身的特点和状况

档案自身在内容、来源、形式等方面的情况,影响着档案是否具有保存价值以及有什么样的保存价值。

2. 社会利用需求

党和国家各项事业、工作,广大人民群众对各种档案利用的需求,影响着档案的保存价值。那些与人们的生产生活关系越密切的档案,它的价值就越大,反之则越小。

二、档案鉴定的意义

1. 档案鉴定工作关系到档案的"生死存亡"

档案鉴定使得那些有保存价值的档案留存下来,彰显自身价值,发挥作用。

2. 档案鉴定有利于提高档案管理利用的质量和效益

随着社会发展,档案的数量会不断增长,档案鉴定是"去粗取精"、"区分玉石"的过程,通过鉴定,使得档案机构库房紧张、设备短缺、经费不足等问题得以一定程度的缓解,利于物资设备和人员高效合理的利用,也有助于提高档案人员的整体业务水平,实现优质服务。

3. 便于应付突发事件

"突发事件"主要是指战争、水灾、火灾、地震等天灾人祸。因为档案数量庞大,通过鉴定,能使管理者对档案分清主次,一旦遇到突发事件,可以做到心中有数,及时抢救和转移价值较大的档案,不至于"玉石俱焚"。

三、档案鉴定工作的内容

档案鉴定工作的基本内容可以归纳为以下三个方面。

1. 制定价值鉴定标准

档案的价值是客观存在的,而鉴定工作作为一种价值评价活动却存在一定的主观性,为保证档案鉴定工作的科学、合理、准确,应该制定出鉴定档案价值的相关标准,做到有章可循。如编制归档和不归档文件材料范围标准、编制档案保管期限表、制定档案销毁制度等。

2. 确定保管期限

通过判定档案材料的价值,明确其保管期限。

3. 销毁无保存价值的档案

价值鉴定后对失去保管价值和保管期限已满的档案,按有关规定进行销毁或作相应处理。

四、档案价值鉴定的原则

1. 全面的观点

(1) 鉴定档案价值不仅要看到它对本单位的用途,更要考虑到它对社会意义,把档案自身的特点和社会利用需要结合起来,全面评价档案的价值。

(2) 必须在一定的范围内全面联系地分析相关档案和构成档案的各种因素。

(3) 社会对档案的利用是多层次、多角度、多方面的,要在对不同需要及其程度的综合把握中判断档案的价值,全面地预测社会对档案利用的需要。

2. 历史的观点

档案本身就是历史的记录,是在一定的历史条件下产生的,所以鉴定时应该用历史唯物主义的观点来分析其价值。把它放在历史的维度中,根据档案产生的时代背景、历史作用等来判断它的历史价值,坚决反对狭隘的实用主义观点。

3. 发展的观点

人类社会是不断向前发展的,因此档案的价值也会随之不断发生变化。价值鉴定时,我们不仅要看到档案在当前的用途,还要估计和预测它在未来的作用,替子孙后代利用档案着想。

4. 效益的观点

档案是整个国家和人民的宝贵财富,在鉴定档案价值时,需要认真衡量投入和效益的关系,争取使有限的档案资源发挥最大的作用。在我国社会主义的档案事业中,档案价值的鉴定绝不能只以个人或小团体利益为准则,必须从党和国家的整体利益出发,充分发挥档案对整个社会发展的作用。

五、档案价值鉴定的标准

我国档案鉴定工作主要遵循相对价值标准来进行档案价值的鉴定。档案价值鉴定工作存在于档案收集、整理和利用等环节之中,不同阶段的鉴定,因其鉴定目的不同,鉴定标准也会有所变化,我们应该灵活运用。

1. 文件归档阶段价值鉴定的标准

在文件归档阶段的价值鉴定,严格来说不是对档案的鉴定,而是对具体文件的鉴定。鉴定目的主要是为了完成立档单位所承担的工作任务:一看文件内容与自己所承担工作职能的关系;二看文件内容的真实性、合法性、有效性、安全性。因此,文件的真实性、有效性、合法性与机关工作职能的相关性成为这个阶段归档文件价值鉴定的重要标准。

2. 档案机构整理阶段价值鉴定的标准

归档文件进入档案机构后,作为档案保管者,要考虑的是档案的种类、成分与本单位、本地区历史面貌的关系问题。所以,这一阶段档案价值鉴定的主要标准是:区分档案归档与不归档范围并划分保管期限,明确档案开放和销毁的范围。

3. 档案利用阶段价值鉴定的标准

档案利用阶段价值鉴定我们重点强调的是社会利用阶段。当利用者从档案机构借出档案时,他对档案鉴定的标准不完全等同于归档者或保管者,只从自己所涉及的事件出发去判定档案的价值大小:对其有用的,涉及其利益的,就认为有价值,反之则没有价值或价值不大。

六、档案价值鉴定的方法

档案鉴定过程中,为避免出现难以挽回的失误,一般都采用直接鉴定法鉴定档案价值。直接鉴定法就是鉴定人员以案卷为单位,逐卷逐件地直接审阅文件,从文件的内容、来源、名称等方面,去全面考查它的价值。

1. 文件内容

文件内容是决定文件价值最重要、最本质的因素。考察文件内容时,要考量内容的真实性、重要性、独特性和时效性。价值鉴定中比较强调文件内容的独一无二性。一般来讲,具有科学研究和实际查证意义的文件,价值较大;能反映立档单位主要职能活动和基本历史面貌的全宗,价值较大;反映一般事务性活动的或内容重复的文件,价值较小。

2. 文件来源

判定档案价值时从立档单位和文件作者两方面鉴定。一般认为,社会影响较大的高级领导机关、重要单位和著名人物形成的全宗,以他们为作者的文件,价值较大;立档单位为作者撰写的文件其价值较大;与立档单位有隶属关系的其他机关为作者的文件,比无隶属关系作者的文件的价值大。

3. 文件形成的时间

文件形成时间对档案价值的影响主要是看文件形成距离现在的远近和文件形成于什么历史时期。一般来说,文件产生的时间距离现在越远,保留下来的就相对越少,其价值就越显珍贵。早在1901年,普鲁士机密国家档案馆馆长迈斯奈尔就提出了"高龄档案应受到尊重"这一著名的鉴定原则,许多国家根据这一原则为本国的档案文件规定了一个禁止销毁的界限年份(禁毁年限)。比如我国对明清以前的档案和革命历史档案就有不准销毁的规定。

4. 文件名称

文件的不同种类和名称,代表着文件的不同效用,所以文件名称成为分析判定文件价值的依据之一。比如条例、决定、命令、会议记录等文件的价值往往就大于一般的通知、简报等文件。

5. 文件的稿本

同一文件在撰稿、印制过程中可以形成各种稿本,如正本、副本、草稿、定稿、底图、蓝图等。不同稿本的文件,因为在行政效能、凭证作用、可信度等方面是有区别的,因此它们价值的大小也不尽相同。比如定稿、正本的价值往往大于草稿、副本的价值。特殊情况下,已无正本的文件、某些重要的立法文件或著作,其草稿、草案等也有较大的价值。

6. 文件的有效期

像合同、协议书、借据等文件，在其有效期内因为具有法律上和行政上的效力，所以有相当的保存价值；但是当它们超过有效期后，其原有的保存价值就会降低乃至消失。

7. 档案的外形特点

如果档案的制成材料、制作方法、笔迹、图案等具有历史的、文化的、科学研究等方面的特殊意义，那么它的价值就会相对提高；本来有一定价值的档案，如果外形已被破坏得无法恢复，那么它也会失去其原有的价值。

8. 全宗和全宗群内档案的完整程度

在全宗和全宗群内档案保存的越完整，价值越大。而那些内容重复的档案，其价值就会相对降低。如果一个全宗及相关全宗内的档案保存的不齐全，残存档案的价值就会提高，有些原本不怎么重要的文件，其价值层次也可能相应提升。

七、档案鉴定工作的流程

1. 制定统一的鉴定标准

由党和国家及其档案行政管理机关制定统一的鉴定标准，如《档案馆工作通则》、《机关文件材料归档范围和保管期限规定》等指导性文件。各地区、各系统、各机关组织再结合自己的实际情况据此制定具体的鉴定标准。

2. 成立专门的鉴定小组

成立专门的鉴定档案工作领导小组，有组织、有领导地进行鉴定工作。由档案机构和有关业务部门的成员组成的鉴定小组共同进行档案价值判定、确定档案保管期限、提出鉴定意见。鉴定结果可以档案鉴定卡的形式留存。卡片样式如表 4-4 所示。

表 4-4 档案鉴定卡

全宗名称		类别		数量	
档号		归档时间		保管期限	
鉴定意见		鉴定人：		鉴定时间：	
鉴定小组意见		鉴定小组组长：		鉴定时间：	
备注					

3. 销毁无价值档案

对经过鉴定，确无保存价值的档案登记造册，经有关主管领导批准后销毁处理，并书写销毁报告。

第三节 档案保管期限表

一、档案保管期限的划分

关于档案保管期限的划分存在着不同意见，有人主张永久、长期、短期的"三分法"，有人赞同永久、定期的"二分法",也有人推崇标明具体年限的"标时法"。

我国 2006 年 12 月 18 日出台的《机关文件材料归档范围和保管期限规定》第六条指出"机关文书档案的保管期限定为永久、定期两种。定期一般分为 30 年、10 年"。

二、档案保管期限表

（一）档案保管期限表的含义

档案保管期限表就是用表册形式列举档案的来源、内容和形式,并指明其保管期限的一种指导性文件,它是鉴定档案保存价值和确定档案管理期限的依据和标准。

（二）档案保管期限表的类型

我国目前的档案保管期限表可分为以下五种类型。它们是各机关、档案馆鉴定档案价值、确定档案保管期限的依据和标准。

1. 通用档案保管期限表

通用档案保管期限表又称标准档案保管期限表,是由我国档案事业管理机关编制的,供全国县级以上机关、团体、企事业单位鉴定档案时通用的标准和依据。也是我国各机关确定一般性档案保管期限的标准和制定其他类型档案保管期限表的指南。例如,国家档案局 2006 年颁发的《机关文件材料归档范围和文书档案保管期限规定》就属于这种类型。

2. 专门档案保管期限表

专门档案保管期限表是由国家档案事业管理机关会同有关主管部门编制的,适合各机关、团体、企事业单位鉴定专门性档案时通用的依据和标准。例如,1984 年财政部和国家档案局共同颁发的《预算会计档案保管期限表》就是作为国家财政税收机关和使用国家预算的各种机关、团体、事业单位鉴定预算会计档案的统一标准。

3. 同系统机关档案保管期限表

同系统机关档案保管期限表是由主管领导机关编制的,供同一系统内各机关、单位使用的档案保管期限表。这种档案保管期限表必须经过本部门领导批准后方可执行,同时要报送国家档案局,抄送各省档案局。例如,《卫生部门行政、企业系统档案材料保管期限暂行标准》、《中国人民解放军文书档案保管期限参考表》就属于这一类型。

4. 同类型单位档案保管期限表

同类型单位档案保管期限表是由档案事业管理机关或主管领导机关编制的,同一类型(如学校、医院、工厂等)单位鉴定档案时通用的依据和标准。如××市医院档案保管期限表。

5. 单位档案保管期限表

单位档案保管期限表是各单位根据本机关档案的具体情况编制的,专供本机关鉴定档案时使用的依据和标准,如《中华人民共和国上海海关文件保管期限表》。

以上五种类型的档案保管期限表之间具有一定的关系。通用档案保管期限表对其他几种保管期限表具有指导意义,各种类型的档案保管期限表不能缩短通用档案保管期限表所规定的保管期限,但可延长保管期限。

（三）档案保管期限表的作用

1. 能够保证鉴定工作的质量和提高鉴定工作的效率

有了保管期限表,鉴定工作就有了明确的依据和统一的标准。档案鉴定时避免了个人认识上的局限性和片面性,防止档案价值判定过宽或过严的倾向,提高鉴定工作的准确性。统一的标准能推动鉴定工作顺利开展,加快鉴定的速度,提高鉴定效率。

2. 能够有效地防止人们任意销毁档案

档案保管期限表明确规定了哪些文档保存,存多久,哪些文档不保存。明确清楚的界限,能够有效地防止恶意或无意而错误地销毁文件。

3. 方便文书部门或业务部门按不同的保管期限更好地组卷

文书部门或业务部门的工作人员在立卷时,可以考虑把价值不同的文件分开组卷,并根据保管期限表注明每个案卷的保管期限,为以后档案机构的鉴定工作打好基础。

（四）档案保管期限表的结构

档案保管期限表通常由顺序号、条款、保管期限、备注以及总的说明等部分组成,其中条款和保管期限是最基本的项目,如表 4-5 所示。

表 4-5   ××档案保管期限表

顺序号	条款	保管期限	备注

档案保管期限表的填写说明如下。

1. 顺序号

档案保管期限表的各条款系统排列后统一编定的自然数顺序号。顺序号固定了条款的位置,同时也可以作为鉴定工作人员使用档案保管期限表鉴定档案时引用条款的代号。

2. 条款

条款是文件的名称或标题。拟制条款一般要求反映出相同类型的一组文件的来源、内容和形式,三者不绝对要求一律俱全,可根据档案保管期限表的适用范围、各种文件的特点及价值来决定。必要时,在条款中应指明文件的用途(如"备案"、"参考"等)和可靠程度(如"草稿"、"定稿"、"正本"、"副本"等)。条款文字要简明扼要、准确无误、合乎语法逻辑、便于使用。

保管期限表的条款有分类排列和不分类排列两种。如《预算会计档案保管期限表》中将全部档案分为会计凭证类、会计账簿类、会计报表类和其他类四个类别,查找起来十分方便。也有些档案保管期限表因条款少或内容不易划分而不设类别,但条款的排列也应有一定的顺序,方便查阅。如《文书档案保管期限表》中各条款没有分类,但大体是按会议文件、上级机关文件、本级机关文件、同级机关文件、下级机关文件的顺序排列的。

3. 保管期限

保管期限是根据各类文件的保存价值而确定的保存年限,列于每一条款之后。

4. 备注

备注是在条款之后对条款及其保管期限所作的必要的注解或说明。例如,一些合同、借据的保管期限是从有效期满后算起的,需在备注栏内注明"失效后"字样。

5. 说明

说明是交代档案保管期限表的适用范围、制定依据、保管期限的计算方法等其他应当说明的事项。

例如预算会计档案保管期限表,如表 4-6 所示。

表 4-6 预算会计档案保管期限表

顺序号	档案名称	保管期限			备注
		总预算会计	单位预算会计	税收会计	
	一、会计凭证类				
1	国家金库编送的各种报表及缴库退库凭证	十年		十年	
2	各种收入机关编送报表	十年			
3	单位预算会计各种原始凭证和记账凭证		十五年		包括传票汇总表

说明:税务机关的税务经费会计档案保管期限,按单位预算会计规定办理。

(五)档案保管期限表的编制

各单位的档案保管期限表是在参考国家相关规定的基础上,结合本单位档案和档案管理的实际情况由专人负责编制而成。档案保管期限表的编制工作大致经历以下三个阶段。

1. 准备阶段

在编制档案保管期限表之前,编制人员必须熟悉国家关于档案保管期限的法规制度,仔细考察本机关的工作职能、任务、地位、组织机构、业务分工、文书工作及以往文件数量、种类等情况。参考编制较好的立卷类目或案卷目录及其他单位科学合理的档案保管期限表。

2. 起草阶段

编制人员在研究和了解了本机关工作和以往文件情况的基础上,设计档案保管期限表的结构体系和格式,拟写具体内容,完成档案保管期限表的草案。

3. 征求意见和修正阶段

档案保管期限表的草案编成后,应分送相关部门和人员征求意见,最后经修正定稿的草案,必须送主管领导审查批准。

第四节 档案销毁

一、编制档案销毁清册

档案销毁清册是要销毁的档案(经鉴定已无保存价值和超过保管期限档案)的登记表。档案销毁前,要经负责领导人和有关机关审查批准,所以需要销毁的档案必须编制档案销毁清册。清册格式如表 4-7、表 4-8 所示。

表 4-7 档案销毁清册（内页）

序号	题名	年度	目录号	卷号或文号	数量	原期限	销毁原因	备注

表 4-8 档案销毁清册

序号	题　名	所属年度	规定保管期限	实际保管时间	案卷编号	份(页)数	备注
销毁原因							
档案员意见							
主管领导意见							

销毁人：　　　　　监销人：　　　　　　　销毁时间：

　　档案销毁清册的主体部分包括销毁档案的顺序号、题名、起止日期、号码、数量、原保管期限、销毁原因、备注等。档案销毁清册，一般按各个全宗分别编制。通常一式两份，档案机构留一份，送机关领导人审批一份。如果还需送档案管理机关或上级单位审查批准的，就一式三份，送审的两份其中一份经批准后退回。

　　有时为使审批领导和有关机构了解更为全面的情况，在送审档案销毁清册的同时，档案管理部门还会附送一份有关立档单位和全宗情况的简要说明。"说明"中主要指出有关立档单位成立、内部机构、工作职能及撤销的简要历史。对于全宗情况，主要说明其档案的形成、保管、完整程度及现存档案的主要成分。"说明"中还可以简要介绍档案鉴定工作的情况。

　　销毁档案数量较多时，可加装封面。同时填写相应的档案销毁审批表，它们是日后查考档案销毁的凭据。封面格式如表 4-9 所示。

表 4-9 档案销毁清册（封面）

全宗号：　　　　　　　　全宗名称：

××（单位名称）档案销毁清册

鉴定时间：　　　　　　　销毁时间：

经办人：　　　　　　　　销毁人：

负责人：　　　　　　　　监销人：

审核人：

二、报送档案销毁审批表

我国执行销毁档案的审批制度,拟销毁的档案必须报相关领导批准后才可以销毁。档案销毁审批表的格式比较灵活,各单位可根据本机构的实际情况自行编制,列举两种审批表格式,供大家参考,如表 4-10 和表 4-11 所示。

表 4-10　档案销毁审批表(一)

记录表号:

部门名称:

拟销毁档案资料名称		拟销毁档案资料编号	
拟销毁档案资料份数		拟销毁档时间	
销毁人		监销人	
销毁原因及拟销毁方式			
档案室意见			
部门负责人意见			
领导批示			
备注			

表 4-11　档案销毁审批表(二)

拟销毁档案类型		拟销毁日期	
销毁原因		销毁方式	
销毁人		监销人	
制表人		填表日期	
拟销毁档案基本情况			
档案名称	档案编号	归档日期	数　量
部门负责人意见			
档案部门意见			
领导审批意见			
备注			

三、档案销毁

档案销毁清册经批准后,需要销毁的档案一般送工厂作为纸浆原料。档案机构离有关工厂较远或被销毁档案特别机密的,本单位可借助碎纸机等设备自行销毁。为防止遗失和泄密,严禁将应销毁的档案作其他用途,更不准出卖给旧物资部门或收购人员。

档案销毁注意以下事项。

(1)销毁工作必须从严掌握,慎重从事。

(2)销毁准销档案时,一般实行双人监销制度。档案确已销毁后,监销人要在销毁清册上注明"已销毁"字样和销毁日期,并负责签字。

(3)档案销毁报告及销毁清册归入全宗卷,留档存查。

(4)未经鉴定和批准,任何单位和个人不得销毁任何档案,违章或误销档案者要承担相应的行政责任或法律责任。

(5)如果有个别案卷和文件未被批准销毁,还需保存,应该在销毁清册上作出适当说明。

(6)档案销毁清册被批准前,准备销毁的档案应系统地单独保管,以便审批时检查或未批准时拣出继续保存。

(7)为防止错销,对已批准销毁的档案除特殊情况外,一般均应"暂缓执行",待保存一段时间后,确认已无利用价值时再进行销毁。

(8)如果在已经装订完好的重要案卷中发现个别无须继续保存的文件,可不对其进行拣出销毁。

(9)如果在批准销毁的案卷中发现个别不需销毁的重要文件时,则应将其取出另外保存,其他文件可以销毁。

思 考 题

1. 档案机构如何接收立档单位的档案?
2. 什么是档案收集?什么是档案鉴定?
3. 如何对档案进行价值鉴定?
4. 档案保管期限表的类型有哪几种?
5. 试述档案销毁的流程。

第五章

Chapter 5

档案保管

学习目标

1. 掌握档案保管工作的内容；
2. 了解档案保存的物质条件；
3. 熟悉并实践档案库房管理。

第一节　档案保管工作概述

一、档案保管的含义

档案保管是指对已整理好并已存入档案机构的档案,根据成分和状况,对其进行系统存放、日常维护和安全保护,以延长档案寿命的管理性工作。

档案保管工作在整个档案工作中具有重要意义。它是整个档案工作的前提条件、重要基础和必要手段。档案保管工作的好坏,对提高档案管理工作水平有重大影响,甚至在一定条件下具有决定性的影响。

二、档案保管工作的具体任务

（一）建立和维护档案的存放秩序

大量档案进入档案机构后,档案管理者必须按照一定的次序将档案排列和存放在库房中,并使这一秩序得到维护。建立和维护档案的存放秩序是档案保管工作的任务之一,是保证档案完整、安全、利用存取迅速便捷的基本条件。

（二）防止档案的损毁

档案在存放和使用过程中可能会出现不同程度的损毁,损毁的原因主要来自两个方面。

1. 人为因素

人为损毁因素包括:由于政治斗争或其他原因,人为的对某些档案进行破坏;由于工作人员的麻痹大意、疏忽职守造成的档案的丢失或损毁;档案管理和利用时难以避免的老化和磨损等。

2. 自然因素

自然损毁因素包括:因档案本身制成材料如纸张、胶片等载体材料和墨水、油墨等书写或印刷材料的变化导致的档案损毁;因档案储存环境和保管条件的不适宜如灰尘、虫、鼠、水、火等因素造成的档案破坏等。

档案保管工作的任务之一就是要了解掌握可能损毁档案的因素,及时采取措施和办法,有效地消除各种不利影响,确保档案的完好无损。

（三）延长档案的寿命

协调"档案寿命有限"和"利用价值无限"之间的矛盾,让档案更好地为社会服务,档案保管工作责任重大。

档案具有特殊价值,如何最大限度地延长档案寿命,特别是那些价值较高的档案的寿命,成为当前档案保管工作的重点与难点,档案机构需要从以下两方面努力。

（1）不断优化档案存藏环境,做到"十防"（防盗、防火、防虫、防鼠、防潮、防尘、防高温、防光、防霉、防有害气体）,使档案库房符合有关标准要求,为延长档案寿命奠定坚实的物质基础。

（2）建立健全档案保管制度,培养档案管理者爱岗敬业的精神,增强档案保管者的使命感。

（四）维护档案安全防止泄密

1. 确保档案实体的安全

档案实体包括承载档案的纸张、照片、录音带、录像带、光盘、硬盘等,由于威胁到不同种类档案载体的安全因素有很多,如突发性灾难、人为因素、环境因素等,档案管理人员必须认真分析并排除隐患,以确保档案实体的安全。

2. 确保档案信息的安全

随着信息技术发展,档案信息安全已成为一个非常紧迫和严峻的课题。档案信息失密的事件层出不穷,如何保障档案信息的读取安全,保障档案信息不被篡改,保障档案信息不流失、不泄密是一项艰巨的任务。对档案保管单位及工作人员来说,要做到万无一失,必须在人防、物防、技防上狠下功夫。

三、档案保管工作的内容

1. 档案的库房管理

档案的库房管理就是对入库的档案进行科学管理的日常工作,主要包括档案库房的使用和安排,档案装具的选择,档案及其柜具的有序化摆放等。

2. 档案流动过程中的保护

档案不是永远静止地存放在库房及装具里,而是处于一种有静有动、动静交替的状态中,借阅、退还、再整理、重排架、展览等都会造成档案的流动,档案流动过程中的保护就是在各个流动环节对档案采取安全的防护措施。

3. 档案保护的专门措施

档案保护的专门措施是指为延长档案的寿命而采取的诸如纸张去酸、字迹恢复、复制、修补等各种专门的技术处理。因为有些技术处理涉及一系列专门的自然科学性的技术方法,而这些自然科学性的技术方法已构成了"档案保护技术学"的内容,所以本书不涉及具体的自然科学性的技术方法。

四、档案保管工作的原则和基本要求

1. 防治结合,以防为主

维护档案的完整和安全是档案保管工作的根本任务,"防治结合,以防为主"是一条切实可行的基本原则。一方面,在预防档案损坏问题上下功夫,包括人为的、自然的损坏因素,力争做到防火、防盗、防光、防尘、防霉、防虫等。一方面是利用相关技术对已经受损的档案进行修复治理,如字迹恢复、灭虫等。在"防"和"治"这两方面,"防"是治本之法,"治"是补救措施。

2. 突出重点,兼顾一般

区分重要档案和一般档案的保管,做到适当兼顾。重要档案重点保护,一般性档案正常对待。

3. 立足长远,保证当前

处理好档案保护工作与其他工作环节的关系,处理好"藏"与"用"的关系。既要考虑保护档案,又要考虑到利用的方便;既要立足长远利用,又要保证当前利用的方便。

第二节 档案保管的物质条件

档案保管工作必须要有一定的物质条件做保障,档案保管的基本物质条件包括档案库房、档案装具、档案包装材料、档案设备等。

一、档案库房

档案库房是档案机构为存储和保护档案而建造或选择的专门用房。作为保存档案的场所和基础设施,档案库房直接关系到档案的保护和安全,影响着档案保管的效果。

(一)库房建造(选择)的基本要求

库房是一种特殊的用房,不同于民宅、办公楼、仓库。新建、改造、扩建档案库房时,要遵循适用、经济、美观的原则,符合下面的一些基本要求。

1. 档案库房要远离火源、水源、污染源

为保持干燥,库房不能选在靠近江河湖泊、地势低洼及山洪多发的地区,也不应选在地下水位高的地方。库房不应选在工业区,也不应选在工业区的下风处。库房应远离危险建筑(如易燃、易爆物品仓库),与一般建筑之间也应保持一定距离,以防火灾波及。

2. 选择在地面坚固、平整,交通便利、公共设施完备的地方

为便于社会各界利用档案,库房应选在交通较为方便的地方。条件允许,库房周围要留有余地,以便扩建。

3. 档案库房必须坚固,不能是临时建筑

档案库房的主体、墙壁、门窗、屋顶、功能区划分等必须符合国家标准,并充分考虑防潮、防光、防盗等基本要求,能切实保证档案存放的安全性。

4. 档案用房实行"三分开"

档案库房必须专用,不能与其他办公用房交叉合用。档案库房、档案业务工作室和阅档室也应分开,三者位置相距不能太远,力求达到功能合理。

(二)档案库房的类型

根据所处位置,档案库房可分为地下库(包括洞库)和地上库。地上库比较普遍,地下库相对较少。根据使用性质和需要,档案库房可分为大库、中库、小库。

二、档案装具

档案装具是档案机构放置并保护档案的设备器具。档案装具的种类很多,有档案箱、档案架、档案柜、档案卷盒等。无论哪种类型的档案装具,其设计都应符合坚固耐久、不损害档案、便于管理、利于合理利用库房空间以及经济美观的要求。

档案装具的选用要根据本单位档案库房的不同条件和所存放档案的规格、特点等合理购买,灵活配置。

(一)档案箱

档案一般叠放其中,优点是便于挪动,缺点是占用空间较多,如图 5-1 和图 5-2 所示。

图 5-1　铁皮档案箱　　　　　　　　图 5-2　纸质档案箱

(二)档案架

1. 开放式档案架

结构简单,造价便宜,空间利用率高,适用于档案数量多、保护条件较好、能够大范围控制温湿度的库房,如图 5-3 和图 5-4 所示。

图 5-3 开放式档案架(一)

图 5-4 开放式档案架(二)

2. 活动式密集架

造价较高,对库房承重能力有一定的要求(楼面均布荷载应在 $800\sim1200\text{kg/m}^2$)。这种档案架能提高库房的使用面积,使库房单位面积档案的贮存量增加 $1.5\sim2$ 倍,防火、防光、防尘效果好,但调阅档案不方便,如图 5-5 和图 5-6 所示。

图 5-5 活动式密集架(一)

图 5-6　活动式密集架(二)

(三)档案柜

比较传统的档案装具,使用灵活,便于挪动,利于防火、防光、防尘、防虫、防鼠,如图 5-7 和图 5-8 所示。

图 5-7　档案柜(一)

图 5-8　档案柜(二)

(四)卷盒

卷盒是保管案卷的全封闭式的盒子,带有绳带等扣紧装置,如图 5-9 所示。

图 5-9　纸质卷盒

一些不适于装订,也不便于装盒的档案,可以用比较结实的包装纸包装存放。包装纸是保存特殊载体档案的应急措施。

三、档案设备和消耗品

档案保管的设备通常是指那些用于档案保管而且被列为"固定资产"的机械、器具、仪器、仪表等技术设备,如去湿机、加湿器、空调、通风设备、温湿度测量及控制设备、防盗防火报警器、灭火器、装订机、复印机、缩微拍照设备及缩微品阅读复制设备、通信及闭路电视监控设备、消毒灭菌设备以及档案进出库的运送工具等。

档案消耗品是指用于档案保管工作的易耗低值物品,如防霉防虫药品、吸湿剂、各种表格及管理性的办公用品等。

第三节　档案库房管理

档案库房管理是档案保管工作的主要体现形式。档案集中存放在库房内,档案库房管理的水平直接决定了档案保管的质量,档案机构必须重视对档案库房的管理。

一、档案库房管理的基本要求

库房管理的基本要求是在档案保管工作中做到"四不"。

1. 不坏

档案保管得完好无损,不会因为各种不利因素影响而受到破坏。

2. 不丢

保证档案的绝对安全,不出现档案遗失、泄密或被窃情况。

3. 不散

档案相对集中保管,不会因分散保管而造成损坏或丢失。

4. 不乱

档案保管有条不紊,排架整齐规范、有目可查。

二、档案库房管理的主要内容

(一)建立档案库房管理制度

1. 人员出入库制度

档案机构为保证档案的安全,必须要对进出档案库房的人员及其进出的方式、时间、要求等做出专门规定,建立严格的进出库制度。

(1)档案库房只允许库房管理人员进入,非库房管理人员原则上不允许进入档案库房。

因为工作需要如参观、维护等要进入库房时,必须对进入库房的人员、时间、目的进行登记,并在库房管理人员的陪同下进入。

（2）严禁携带易燃、易爆物品进入库房。

（3）非工作时间一般不允许进入库房。

（4）进入库房的人员不允许从事与档案工作无关的活动，库房内不准办公、开会、会客，更不允许在库房内吸烟、喝水、吃东西、住宿。

（5）库房内禁止存放非档案用品及个人物品。

（6）库房内不准使用台灯、电熨斗、电暖器等电器设备。

（7）库房管理人员离开库房时必须关灯、关窗、锁卷柜、锁门。

（8）档案库房钥匙由专人负责保管，不得转借他人。

2. 档案出入库制度

有些档案经常处于流动和变化状态，档案机构必须加强对库存档案变化情况的管理，建立档案收进、移出登记和档案借阅代卷卡。档案出入库要严格履行相关手续，随时掌握档案的库存量、借出量、阅览量等，保证账物符合，完整无缺。新收、调出、外借档案，必须由档案机构进行杀虫灭菌，办理交接手续后方可入库。

3. 档案清点制度

档案清点的目的在于及时发现档案实体秩序错乱现象及档案是否丢失或去向不明等问题，以便及时予以纠正和追寻，使档案实体完整齐全有序。档案清点工作通常会在以下情况下进行。

（1）档案接收入库时清点交接。

（2）库房管理人员工作变动时清点交接。

（3）档案日常管理利用后，库房管理人员与其他利用档案人员的清点交接。

（4）发生与档案安全有关的突发事件后清点检查。

（5）定期清点。一般档案室2～3年、档案馆3～5年全面清点一次。

档案清点后，应形成记录，其记录应归入全宗卷。清点人和交接人需在清点记录上签名，对清点中发现的问题、问题产生的原因都应详细记录在案。

4. 档案库房安全检查制度

档案库房应设有防盗、防火、防虫、防鼠、防潮、防尘、防高温、防光、防霉、防有害气体的"十防"措施。

安全检查的内容涉及：档案文件有无机械磨损、人为撕毁、自然老化、字迹退变、洇水、渍化、受潮黏结、虫蛀鼠咬、霉变等损坏情况；档案的收进移出数量与档案登记簿中的数量是否符合；档案库房的电力、电气设备等是否存在安全隐患；档案库房是否建立消防预案，配足灭火工具，消防通道畅通与否，库房管理人员是否掌握了灭火的技术方法等。

建立安全检查制度是维护档案安全与完整的一项重要工作，检查可以及时发现档案库房保管工作中存在的问题，防患未然。安全检查应定期和不定期地进行，常抓不懈。

（二）库房管理秩序

1. 库房编号

为方便管理，应对档案库房进行统一编号，可以按流水方式对库房编号，如"1号库"

"2号库"等,也可以按库房的方位或特征编号,如"东三楼"、"南二楼"等。

库房内每一个存放档案的房间也应该编号,如果库房是楼房,则应该按照楼层由上而下进行编号,每层则从入口开始,按从左到右的顺序编排房间号。

2. 档案装具编号排列

(1)档案装具的编号

为方便对库存档案的管理和迅速存取,档案装具应该按照每一排列走向和顺序依次编排号(列号)、柜架号、格层号(箱号),号码一律采用阿拉伯数字。原则是从左到右,自上而下。自档案库房门口起从左到右编箱、架、柜号,每栏的格自上而下编号。

(2)档案装具的排列

档案装具的排列要求有以下三点。

① 整齐一致,横竖成行。档案装具应按照制作材料、形状、高矮进行分类排放,同一个库房里档案装具的规格力求统一,排放整齐,以库房为单位流水编号。

② 避光通风。有窗户的库房,档案装具排列应该与窗户垂直,避免阳光直射;没有窗户的库房,档案装具纵横排列均可,但应该注意通风问题。

③ 充分合理利用空间。架(柜)之间的主要通道宽度一般在1~1.2m,一般过道的宽度以0.8m左右为宜,装具不应紧靠墙壁。

3. 档案排架秩序

档案种类繁多,将它们有条不紊地排放到库房中指定的位置,并能轻而易举地快速找到,是档案保管中的一件大事。

(1)库房内排架方法

库房内正确的排架方法是:进入库房内,从面对的第一列(排)柜架开始,从左边(人的左手边)第一组(节)柜架依次向右边柜架排,一列(排)排完后,再排后面或背面的第二列(排);同一组(节)柜架中从最上层开始依次向最下一层排;同一层柜架中,从左向右排。柜架与窗户成垂直线摆放,以便通风和采光;柜架不能放在阳光直射的地方。

(2)档案上架方法

档案上架一般按全宗进行排列,一种是按全宗顺序号排列,还有一种是按全宗分类排列。

档案上架的顺序通常是小号在左,大号在右,从上到下,竖放为好。

特殊载体档案(如光盘、照片等)可分库存放、排列、排架,但需要在全宗指南或案卷目录说明中交代清楚,指明存放地点。

三、库房温湿度控制

(一)合适的库房温湿度

档案保管要符合一定的储存条件,保证适宜的温度、湿度,以利于档案的长久保存。如我国国家档案局关于档案库房温湿度的要求是:温度14~24℃,相对湿度45%~60%,温度每昼夜波动幅度上下不超过2℃,湿度每昼夜波动幅度上下不超过5%。以下列出我国各类档案库房温湿度适宜范围的参考值(如表5-1所示),供大家借鉴。

表 5-1　我国各类档案库房温湿度适宜范围参考表

库 房 类 型	温 度	相对湿度
纸质档案库房	14~24℃	45%~60%
金属唱片档案库房	18~20℃	<50%
塑料唱片档案库房	<20℃	50%
机读档案库房	15℃	60%
缩微品档案库房	15~25℃	25%~40%
录音磁带档案库房	15~22℃	40%~60%
黑白胶片及其照片库房	10~20℃	55%~65%
彩色胶片及其照片库房	13~17℃	55%~65%

注：温湿度每昼夜允许波动幅度为温度±2℃，相对湿度±5%。

（二）控制调节温湿度的方法

为创造适宜于档案储存的库房环境，需要档案管理人员及时采取有效措施控制调节库内的温湿度。实践证明，采用密闭、通风、使用专业技术设备相结合的办法，是控制和调节库内温湿度行之有效的办法。

1. 密闭

密闭就是把档案尽可能严密封闭起来，减少外界不良气候条件的影响，以达到安全保管的目的。密闭要根据档案载体的性能和气候情况来决定。常用的方法有库房密闭、箱柜密闭和按件密闭等。

2. 通风

通风是利用库内外空气温度不同而形成的气压差，使库内外空气形成对流，来达到调节库内温湿度的目的。

通风一般有自然通风和机械通风两种方式。

（1）自然通风

利用库内外空气的温度差而产生的压力差达到通风目的。

（2）机械通风

利用通风机、风扇等进行通风。

通风要注意天气的选择，要注意防尘，防有害气体、防虫、防鼠。在通风过程中，应随时监测，一旦库内空气不符合通风条件，应立即停止通风。通风要与密闭等控制手段结合起来，应严防库内结露吸潮。库房用机械方法通风时，要设进风口和排风口，以利于库房内外空气的交换。

3. 利用专业设备

有条件的档案机构可以建设"档案库房安全保护智能化综合管理系统"，利用计算机控制空调、加湿器、除湿机等电子设备，实现对档案库房统一、集中、立体化、智能化的综合控制、管理。这是档案库房管理工作的发展趋势。档案库房温湿度自动测控系统如图 5-10 所示。

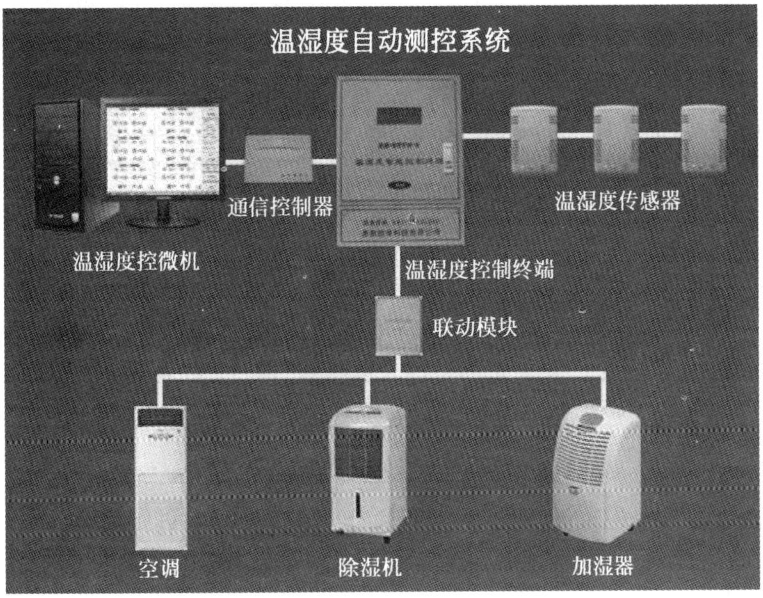

图 5-10 档案库房温湿度自动测控系统

四、编制库房管理工具

(一)编制档案存放位置索引

档案存放位置索引是一种记录档案在库房及装具中存放位置情况的引导性管理工具,通常采用表册或卡片形式。档案存放位置索引便于库房管理人员准确掌握档案机构档案的存放情况和迅速地存取档案。

档案存放位置索引可以有两种形式。

(1)以全宗档案为单位编制的档案存放位置索引,索引格式如表 5-2 所示。

这种以全宗档案为单位编制的档案存放位置索引,重在指明档案的存放位置。

表 5-2 全宗存放位置索引

全宗名称:		全宗号:						
案卷目录号	案卷目录名称	目录中案卷起止号	存放位置					
			楼	层	房间	档架(柜)	栏	格

(2)以库房和装具为单位编制的档案存放位置索引。这种以库房和装具为单位编制的档案存放位置索引,重在指明档案库房保存档案的情况,索引格式如表 5-3 所示。

表 5-3 库房存放全宗索引

楼:		层:		房间:			
柜架(列)	柜架	层(格)	存放档案				
			全宗号	全宗名称	案卷目录号	案卷目录名称	起止号数

（二）填写档案代卷卡

档案代卷卡又称档案代理卡，是档案保管工作中经常使用的一种预设若干空白或印有确定栏目的卡片，卡片格式如表5-4所示。

表5-4　档案代卷卡

全宗号	目录号	案卷号	调出时间	库房调档人	借阅人		归还时间	还卷人
					单位	姓名		

当从库房中调出一卷（件）或一组卷号相连的案卷时，就填一张代卷卡插放在被暂时移出案卷的位置上，提示案卷的去向及用途，避免归卷时将档案误放。代卷卡可以使库房管理人员准确掌握档案的流动情况，利于库房管理人员对档案进行安全检查，还可作为分析、统计档案使用现象及规律的原始素材。

五、档案流动过程中的保护

（一）档案的特殊状态决定了实施流动过程中保护的必要性

档案从收集开始，就经历打包、接收、搬运、整理等许多程序，最后才进入库房定位排架。在保管机构中，档案也不是永远静止地存放在库房和装具里，借阅、退还及必要的再整理、重排架等日常工作都会让档案处在一种有静有动、动静交替的状态中。这种特殊状态决定了必须对其实施流动过程中的保护。

（二）档案流动过程中安全保护的主要任务

档案流动过程中的安全保护就是指档案在各个流动环节中的安全防护。其任务是了解档案损坏规律，通过经常性工作，采取专门的技术措施，最大限度地防止和减少档案的损毁，延长档案的寿命，维护档案的系统性和完整性，保证档案的安全。

档案流动过程中的保护是整个档案工作的有机组成部分，与其他环节有着密切的联系，不能离开其他环节而独立存在。

（三）做好档案流动过程中的安全防护工作的重点

做好档案流动过程中的安全防护工作，重点要在以下几个流动环节建立严格的防护制度，并采用各种合理有效的管理方法，执行和落实防护制度。

1. 接收档案阶段的保护

为防止档案可能携带有害因素进入库房，接收时必须认真检查，除了检查档案是否破损、破损程度外，还要特别检查档案有无蒙尘、霉变、虫害、字迹洇化等情况。如有此类现象，新接收的档案不能立即入库，要根据实际情况先作相应的分流处理，如除尘、除渍、消毒等。确保档案质量没问题后，方可入库保管。

2. 整理档案阶段的保护

档案整理过程中必须采取各种有效的安全防护措施，保障档案的完整和安全，防止人为因素和自然因素对档案的损毁。比如：防止敌对分子或不法分子破坏、盗窃档案；防止个别人员涂改、删除、撕损档案；杜绝随意放置档案，以致污染、丢失、损坏；防止因光线、温度、水灾、火灾等各种自然原因对档案造成破坏、损毁。

3. 档案利用阶段的保护

档案利用阶段对档案的保护应着眼以下几个方面。

（1）建立档案利用的登记与交接制度

对调档、还档及交接行为实行严格的登记与交接手续，做到清楚、细致、责任分明。

（2）对档案使用行为实行管理和限制

对档案使用行为实行管理和限制包括：使用者不允许在使用档案的同时吸烟、喝水、吃东西；不允许在档案上勾画、涂抹；不准擅自将档案带离规定的使用场所（办公室、阅览室等）；不同的利用者未经允许不准私自交换阅览；未经允许不准使用者擅自拍照、抄录、复印；每次使用的档案数量、档案的使用时间必须符合规定等。

工作人员要实行监督，随时检查利用者的档案利用行为。发现问题及时指出并予以纠正，把不良现象消灭在萌芽状态。有条件的档案机构可配置闭路电视监控系统。

（3）重要档案应实施重点保护

对重要档案应该实行重点保护，如严格限制利用，一般不提供原件，只提供复制件，利用中可责成专人始终陪伴进行监护等。

思 考 题

1. 档案库房管理应从哪些方面着手？
2. 如何有效控制档案库房的温湿度？
3. 档案装具编号排列的要求是什么？

第六章

Chapter 6

档案利用

学习目标

1. 明确利用档案与档案利用的区别与联系；
2. 掌握档案开放的范围；
3. 掌握档案利用的各种方式。

　　档案利用工作又被称为档案提供利用工作,是指档案部门为满足用户的需要,依托于馆藏或室藏的档案信息资源,以一定的方式向用户提供档案服务的工作。档案利用是实现档案价值的途径,是所有档案工作业务的中心环节,在整个档案工作处于核心地位。

　　需要注意的是,"档案利用工作"与"利用档案"同属于档案信息开发使用的范畴,但二者在性质上有着非常明显的区别:其一,档案利用工作的主体是档案部门的工作人员,工作方式是为档案利用者提供档案信息服务,而利用档案的主体则是用户,具体方式则是到档案部门获取档案信息;其二,档案利用工作是利用档案得以实现的前提,利用档案是档案利用工作的最终目的。档案利用与利用档案影响档案作用发挥的两方面因素,相辅相成,且不可混淆。

第一节　档案利用的基本途径与方式

一、档案利用的基本途径

1. 利用档案原件

档案原件是保存有原始信息记录性质的文件,其中的原稿、正本、底图、底片等信息具有唯一性、非复制性等特征,是最初形成的文件,与任何形式的复印件都有本质性的区别。向档案利用者提供档案原件,是档案服务工作中的一种常见的方式。

2. 利用档案复制品

档案复制品主要有档案副本和档案摘录两种。档案副本是以复印、扫描、摄像等手段整体克隆档案原件的复制本,而档案摘录则是通过手抄、打印、复印等手段部分克隆档案原件内容的复制本。档案原件是孤品,所以档案部门为保证档案原件的完整与安全,向档案使用者提供档案复制品已经成为档案服务的主要工作内容。

3. 利用档案信息加工品

档案信息加工是档案原件信息转移到出版载体上的档案工作环节。以档案原始材料为基础的档案信息加工品有很多,档案材料汇编、档案参考资料、大事记等档案文献出版物以及档案证明都属于档案信息加工品的范畴。与原件相比,档案信息加工品是忠于档案原貌、对档案原始材料进行了必要的文字加工与内容编排整理的材料,可据性与可读性非常高。为使用者提供档案信息加工品,是提高档案资料利用效度的重要途径。

二、档案提供的方式

(一)馆、室阅览

档案阅览室是档案部门为档案使用者在馆内使用档案材料提供的专门阅览场所,是档案资源发挥效用的主要渠道。

1. 阅览服务

(1)档案阅览制度的宣传服务工作

为规范档案阅览管理工作,发挥档案资源的最大效益,各档案阅览室皆应制定科学详尽的管理制度。了解、领会并认真遵照执行阅览规则,是档案阅览者顺利进行阅览活动的前提。所以,档案工作人员必须要向档案阅览者宣传相关的事项,如档案索取和归还手续、档案材料阅览范围、批注权限、档案利用须知等。

(2)提供理想的阅览环境

具体来说,阅览室应该符合以下几个要求:一是必须要保证阅览场所清洁、明亮、舒适、安静;二是配备服务台、阅览桌、存物处、目录柜等设施;三是配备必要的检索工具与档案参考文献;四是配备复印机、扫描仪、缩微阅读器等设备。

(3)档案提供工作

由于研究和解决的问题不尽相同,所以档案使用者需要阅览的档案材料也会有所区别,因此做好档案材料的提供工作并不简单。首先档案工作人员应对所藏的档案资源有一个全面的了解,并以此为基础向使用者准确地提供所需的档案材料;其次工作人员要熟悉档案工具的使用方法。

(4)解答阅览者询问

档案阅览者有很多是档案业外人士,对档案的使用总会有很多的问题询问。面对询问,档案工作人员一定要做到耐心倾听、细心解答,充分发挥好档案部门对外工作的纽带作用。

2. 封闭式档案阅览服务流程

（1）档案管理人员认真核查利用档案人员的有效证件。有效证件是可以证明自己身份的单位介绍信、个人身份证等。

（2）档案管理人员指导档案利用者填写阅览表格进行登记。

（3）档案管理人员调出利用者所需要的档案（未开放档案除外）；如利用者查阅未开放档案，则需要审批。

（4）档案管理人员对档案的复印、复制、摘抄等行为进行监督和指导。

（5）调出档案完整归库。

3. 开架式阅览服务的注意事项

为方便档案使用者能够方便、快捷地查阅到所需的档案材料，目前很多档案部门设有开放式阅览室或在阅览室里设有开放阅览专区。开放阅览需要注意以下几点。

（1）阅览的材料应该是档案的副本。

（2）有秘密等级的档案不能开架。

（3）划定专门的开架阅览场所。

（4）匹配开架档案的检索工具，规范并标注其存放位置。

（5）区别全开放性档案与限定开放档案的阅览范围。

（二）外借服务

外借阅览是指将档案原件带出档案馆或档案阅览室阅览、使用。

1. 档案外借的类型与流程

（1）内部借阅，即单位内部（包括档案部门人员）借阅档案资料。内部借阅档案的流程是：借阅人提出书面申请—办公室主任审核—分管领导签字批准—档案室负责调出有关档案—借阅人填写借阅档案登记表—借阅人填写档案利用效果登记表—档案室填写归还日期。

（2）外部借阅，即将档案借给外单位人员查阅档案。查阅人持单位介绍信申请借阅档案审批单—办公室主任审核—分管领导签字批准—档案室负责查找—查阅人填写借阅档案登记表—借阅人填写档案利用效果登记表—档案室填写归还日期。审批单格式如表 6-1 所示。

表 6-1　档案外借审批单

借阅单位				借阅人	
借阅档案名称					
利用目的				借阅期限	
利用方式	□查阅	□借出	□复制	□扫描	□其他
申请人		借阅日期		提供人签字	
归还人		归还日期		接收人签字	
档案部门负责人意见					
分管领导审批意见					

2. 外借服务的注意事项

档案外借是档案使用中的一种常见形式。由于档案材料在一定时间里处于档案工作人员监管与掌控之外,所以外借服务在一定程度上关系到档案的安全与完整。故而在实际操作中,档案部门的档案一般情况下是不借出馆外使用的。如因特殊需要必须外借,档案工作人员一定要本着既方便服务,又严于管理的思想,做到以下几点。

（1）严格执行审批登记制度并限定归还期限,收回时认真核对。

（2）特别珍贵、易损和尚未解密的档案,禁止外借。

（3）尽量提供档案缩微品和其他复制形式的档案来代替原件。《档案法实施办法》第二十一条规定:"档案缩微品和其他复制形式的档案载有档案收藏单位法定代表人的签名或者印章标记的,具有与档案原件同等的效力。"

（4）监管外借档案材料的安全。

（三）复制服务

1. 复制服务注意事项

档案复制服务是档案服务工作的一项重要内容,利于保护档案原件的安全与完整、提高档案材料的利用率。提供档案复制服务,需要注意以下几点。

（1）做好档案复制制度建设

为使档案复制工作的各个环节都有章可循,档案复制规章制度一定要做细做实,对不同层次档案的复制范围、复制数量和审批手续以及保密要求、公章使用等作出规定。

（2）加强档案提供利用人员的素质

提供档案复制服务的工作人员,必须要具备以下素质:一是较强的事业心、责任感;二是较高的保密意识;三是严格执行复制制度的自觉性;四是高超的复制技能。

（3）做好复制档案的监督工作

根据不同复制对象的档案价值与保密要求,做好复制内容权限、复制份数的重点监护工作。必要的话,档案馆(室)还可以运用摄像监视器进行辅助性监管。

2. 复印档案审批单与登记单

利用者复印档案必须要进行审批和登记。审批单、登记表如表6-2、表6-3所示。

表6-2　复印档案审批单

日期	文件题名	复印份数	经办人	档案部门领导意见	分管领导意见	批准人	备注

表6-3　复印档案登记表

全宗号	目录号	案卷号	页号	文件题名	档案类别	申请复印页号	批准复印页号

经办人:(签字)　　　　　　　　复印人:(签字)

时间:　　　　　　　　　　　　时间:

（四）出具档案证明

档案证明是档案保管部门依据档案的记载向使用者出具的书面凭证的材料,旨在证明某一问题的档案有无记载和怎样记载的情况。档案证明有很多种,如身份证明、学历证明、存调档证明、奖罚证明、土地房产证明等。依使用者和对方当事单位要求所开具的档案证明,与档案原件具有同等的凭证性效用,所以提供此项服务一定要严肃,认真做好每一步工作。出具档案证明工作流程如下。

1.接受申请,履行相关手续

只有档案使用者提出正式的申请,档案工作人员才能进行启动性工作。此阶段主要工作有三点。

（1）审查申请书。

（2）认真核对申请人的有效证件。有效证件包括身份证、工作证、学生证、军官证、介绍信等。如果是代办,则要求同时出具委托人的有效证件和委托证明。

（3）做好受理工作的信息登记。

2.依据申请,开具档案证明

此阶段的主要工作有以下几点。

（1）以档案或可靠的档案复制件为依据拟写档案证明。

（2）注明证明中依据材料的准确出处。

（3）要注意档案证明的文体性质。文本内容只能是对有关材料进行客观地叙述或摘录,尤其对关键性的内容要做到与档案原件完全吻合。

（4）加盖公章,档案证明生效。

（五）咨询服务

档案咨询服务是指档案人员以所藏档案为依据,以所掌握的业务知识和专业技能为基础,解答查询者提出的有关档案知识或档案业务等方面的问题。档案咨询服务,是档案部门直接向使用者提供服务的一种重要方式。

1.档案咨询服务工作的一般程序

（1）接受咨询问题,确定复询方式

根据咨询目的、内容、范围和要求的不同,有三种主要的复询方式。

① 对一般性问题的咨询,可当场回答,或借助于档案资料在短时间内进行解答。

② 对于较复杂问题的咨询,可记录在案,另约时间进行解答。

③ 对超出所藏范围、业务范围或不便公开解答的问题,及时向咨询人说明情况,谢绝回答。

（2）咨询分析,确定查找范围

分析咨询的有关问题,并在此基础上确定查找档案的范围,做到有计划、有重点地查找档案。确定查找范围时,需要注意以下两点。

① 所查找的档案必须属于开放的范围。如不属于,则需要主管领导批准后才能进行查找。

② 根据咨询者的实际需求查找相关档案,不能盲目扩大查询范围。

（3）查找档案材料

根据确定的查找范围有步骤地进行检索。

（4）答复咨询

答复可以根据实际情况选择当面解答、电话、传真、信件（传统信件或电子邮件）等形式。具体答复内容可以向用户介绍有关档案的内容、介绍有关的检索路径、提供有关的档案参考资料等信息。

（5）建立咨询档案

凡是具有重要价值、长远价值或具有重复意义的问题，应建立咨询档案，以便积累经验教训、掌握档案咨询工作的规律性。

2. 档案咨询服务对工作人员的素质要求

档案利用者来自于社会各个层面，其个人经历、知识水平与个人素质会存在很大差异。所以咨询服务对档案工作人员提出了很高的要求。

（1）要有很强的服务意识和工作责任心。

（2）要有丰富的档案知识和精良的专业技能。

（3）要有很好的分析能力与表达能力。

（六）档案展览

档案展览就是档案部门按照一定主题，以展出档案原件或复制品的方式，系统地介绍所藏档案内容与成分的一种具体的服务方式。宏观上讲，档案展览的目的无非是为了扩大档案和档案工作的社会影响力，但着眼于微观，却有很大的差别。展览的显性目的一般有三点：一是展出单位尤其是企业以展示发展轨迹、历史业绩的形式来树立组织形象；二是配合现实工作，展示历史材料，教化广大群众；三是满足公众的好奇心，增进观展人群对档案的理解。前两者表现为档案展览的功能性，后者则体现为档案展览的服务性。

1. 档案展览的主要形式

（1）固定展览

固定展览又称固定展。这是一种传统的实地展览形式。这种展览方式一般都在固定的场所内如档案馆、展览会馆举行。

（2）巡回展览

巡回展览又称为流动展。这是一种场所相对比较灵活的跨区域展览形式，可以在一个城市不同的地点展出，也可以在不同的城市甚至不同的国家展出。

（3）网上展览

网上展览是一种新兴的档案展览形式。与传统形式的档案展览相比，网上展览不受时间与场地的限制，展览者可以展出更多的档案资料以及辅助性信息。网上展览不但利于档案展览者的方便浏览，而且还扩大了受众对象、扩展了影响范围，大大地提高了宣传效度。

2. 档案展览工作的一般程序

（1）确定展览主题

根据不同的目的，档案展览的主题大致分为四种类型。

① 配合重大活动的档案展览，如××企业建厂50周年图片史料展、党的群众路线档

案展、纪念中国收回青岛 90 周年珍贵档案史料展。

② 工作成就展,如河南省地质工作成就展、生态环保成就展。

③ 常规性的档案史料展览,如中国档案文献遗产珍品展、消防产品及应急救援装备展。

④ 地方特色档案展,如杭州老字号档案史料展、北京禄米仓胡同展。

明确举办目的、展览主题和展览的预期效果,是档案展览之前必须要做的准备性工作。只有科学地分析公众需求,准确地进行活动定位,档案展览才会取得事半功倍的效果。

(2)拟写展览大纲

展览大纲是针对档案展览的内容、标准与规格而制定出的有关工作程序、人员安排、突发应对等具体执行方案,旨在为具体活动的展开提供依据。档案展览大纲主要包括以下内容:展览导语、展品解说词、结束语和文献的选择、照片的使用等纯文字性内容;场景制作、文物摆设、展览辅助工具与技术的设计与规划;展览时间、地点与人、财、物的保障性配置情况的初步想法。

(3)选择展览物品

档案材料丰富多样,在选择参展的产品时要遵循以下几个原则。

① 典型性原则,即参展的实物、图片或文字必须贴切于展览主题,有一定的代表性。

② 真实性原则,即参展资料必须真实确凿。

③ 丰富性原则,即参展资料要多样、多元。

④ 原件替代性原则,即珍贵档案要以高仿还原的复制件形式展出。

(4)确定展览场所

档案展览场所除了传统的档案馆室,开始转向公众较集中的商场、广场、社区、学校等公共场所。选择公共场所作为档案展览场所,有两点必须要考虑:一是为了让更多的公众参观展览,展览地交通要便利;二是为了保证档案展品的安全,展览地要地势较高、场地干燥、便于排水,严禁毗邻明火使用场所。

(5)实施布展工作

档案布展工作是以按照展览大纲总体设计、形式设计、空间设计、艺术设计的要求,对档案展品进行现场布置。从性质上讲,档案展览布展既是一种宣传活动,又是一种文化活动,具体操作时应遵循以下三个原则:联系性原则,即同一展区或展板的布置上,档案内容要形成内在的逻辑联系;形象性原则,即合理利用多媒体手段,增强图纸、照片、实物等历史记录的生动性、直观性、互动性;适用性原则,即布展设计便于陈列内容的参观、解读与管理。

(6)展览现场服务

档案展览的现场服务主要有以下几种。

解说服务。档案展览解说服务主要包括解说员解说、解说牌解说、书面解说、多媒体解说等方式。

导引与咨询服务。该服务的具体工作内容有:向参观者介绍档案展览活动的基本信息;回答参观者的咨询;设置引导标识或服务人员口头服务。

展品服务。该服务的具体工作有：展品鉴定、展品复制和捐赠展品标识。

（7）展览活动总结

展览阶段的结束后，要及时对展览工作进行总结评估活动。其工作内容主要包括以下两点。

档案展览情况总结。总结内容包括展览的基本情况介绍、展览活动的经验教训以及未来档案展览工作建议。

档案展览效益评估。该工作包括经济效益评估和社会效益评估两项内容。前者重在考查档案展览作为公益性质的活动在资金使用方面是否合理；后者重在考查档案展览的社会影响力是否达到预期的目标。

第二节 档案开放

一、档案开放的定义与本质

在提供档案服务的过程中，并不是所有的档案一经形成就适合开放利用。现实操作中，档案的所有者和管理部门往往会规定档案的封闭期，限制档案开放的时间、范围和限定条件。处于封闭期内的档案一般不向社会公众开放或限制向公众开放。所谓档案开放，就是档案部门按照一定的程序，将保管到一定年限的档案解除保密控制，以供公众使用的行为。本质上讲，档案开放从根本上改变了档案的封闭性质，是档案提供利用的一种特殊形式。

二、档案开放期限

（1）国家档案馆保管的档案，一般应当自形成之日起满30年向社会开放。经济、科学、技术、文化等类的档案向社会开放的期限，可以少于30年，涉及国家安全或者重大利益经及其他到期不宜开放的档案向社会开放的期限，可以多于30年。具体期限由国家行政管理部门制定，报国务院批准执行。

（2）寄存于档案管理机构的社会组织或个人档案，在遵循相关档案法规的前提下，可以对其档案内容提出包括公开范围、公开期限、使用权限等限制利用意见，档案馆应当维护其合法权益。

（3）机关、团体、企事业单位和组织内档案机构保管的档案，不属于到期应当开放的范畴。

三、档案公布权主体的权限

（1）属于国家所有的档案，由国家授权的档案馆或者有关机关公布；未经档案馆或者有关机关同意，任何组织和个人无权公布。

（2）非国家所有档案，包括集体所有的和个人所有的档案，档案的所有者有权公布，但必须遵守国家有关规定，不得损害国家安全和利益，不得侵犯他人的合法权益。

（3）转让、捐赠的档案公布权属于档案的最终所有者；寄存的档案公布权属于寄存人或组织,接受寄存的档案保管部门不得擅自公布,如认为有必要向社会公布,必须同档案所有者进行协商,征得同意后,按法定程序办理相关代为公布手续。

四、开放档案的使用对象

（1）中华人民共和国公民和组织持有合法证明,可以利用已经开放的档案。

（2）向档案馆移交、捐赠、寄存档案的社会组织和个人,对其档案享有优先利用权。

（3）海外华侨利用国内已开放档案,如查取本人及其亲属历史证明等,可持本人有效证件如回乡证或身份证等,直接到有关的档案管理机构利用。利用其他开放档案,须经我国境内邀请组织、合作组织或接待组织介绍,提前30天向有关档案管理机构提出申请,说明自己的身份和利用档案的目的与范围以及其他有关情况,征得保存该档案的档案机构同意后,即可利用已开放的档案。

（4）外国人或外国组织利用中国已开放的档案,须经中国有关主管部门介绍以及保存该档案的档案机构同意。

（5）机关、团体、企事业单位档案部门保管的档案,不承担向社会公众开放档案的义务,档案信息一般只供组织内部人员使用。

五、控制开放的档案范围

在档案开放中有三个情况例外:一是档案开放不能损害国家安全和利益;二是档案开放不能损害本组织的合法权益;三是档案开放不可侵犯他人合法权益。根据相关规定,凡涉及下列内容的应当控制使用。①

（1）涉及党和国家重大问题、重大政治事件尚未作出结论的、不宜公开的,对社会开放会影响党内团结、党和国家机关工作正常开展的档案。

（2）涉及各级党和政府领导人及社会各界著名爱国进步人士的政治历史评价及工作与生活中不宜公开的,对社会开放有损个人形象、人格尊严和声誉的档案。

（3）涉及党和国家秘密工作的组织关系、工作方法、策略手段、情报来源的,对社会开放会使保护党和国家安全与利益的措施、手段的可靠性降低或者失效的档案。

（4）涉及党和国家及其领导人与外国政党组织及其领导人之间秘密关系的,对社会开放会影响两党、两国正常关系以及其他对外关系的档案。

（5）涉及民国时期敌特机关破坏党的地下组织的,为进行策反纯属捏造的,对社会开放会损害党和国家及其领导人形象的档案。

（6）涉及领土、边界中敏感问题和战略部署、国防设施、军事要地、军品贸易、军工科研及生产的,对社会开放不利于维护国家主权和领土完整,危害国家的战略防御能力的档案。

（7）涉及民族纠纷、民族矛盾的宗教、统战、侨务工作中内定的方针、政策的,对社会开放会影响民族团结、社会稳定和不利于国家统一的档案。

（8）涉及国内行政区域之间的边界问题,对社会开放后可能激发边界纠纷、影响社会

---

① 中华人民共和国国家档案局网站. http://www.saac.gov.cn/xxgk/1991-09/27/content_13055.htm.

稳定和人民团结的档案。

（9）涉及准确记载风俗民情，对社会开放后可能影响军事、经济战略，或损害民族形象的档案。

（10）涉及我国科学技术的关键技术、技术诀窍、传统工艺、配方、重要资源的，对社会开放会削弱我国经济、科技实力或使国民经济遭受损失的档案。

（11）涉及与国外科技交流、经济合作、贸易往来、外事工作中内部掌握的政策、策略及对具体事件的处理意见、方案的，对社会开放会使我国在对外活动中处于不利地位或在政治上造成被动、经济上造成损失的档案。

（12）涉及外国在华机构形成的，对社会开放会引起档案所有权纠纷的档案。

（13）涉及著作权、发明权、专利权的，对社会开放会造成侵权诉讼并有损国家利益的档案。

（14）涉及尚有法律效力的中外产权、债权，对社会开放会引起外事纠纷并有损国家利益的档案。

（15）涉及司法、监察、纪检及组织人事工作中对有关人员违纪违法的调查与具体审理情况的，对社会开放会造成不良政治影响或不利于审理人员及举报人等人身安全的档案。

（16）涉及公民隐私的，对社会开放会损害公民声誉和权益的档案。

（17）涉及台、港、澳同胞和海外华侨中爱国进步人士的，对社会开放会损害其声誉和权益的档案。

（18）涉及民国时期军、警、宪、特组织及人员方面的，对社会开放在一定时期内可能对某些方面带来不良影响的档案。

（19）机关、单位及个人移交、捐赠、寄存档案时明确提出不能开放的档案。

（20）除上述范围外，其他影响党和国家利益的档案。

对于控制使用范围的档案，档案部门不得擅自开放或扩大接触、利用范围。

六、档案开放鉴定

（一）档案开放鉴定组织

高素质的鉴定人员是高效完成档案开放的保证和关键。通常，档案管（室）的档案开放工作由档案开放鉴定委员会来完成。档案开放鉴定人员的水平和能力决定着开放档案的质量。档案开放鉴定委员会有以下特点。

（1）从组织人员的构成上看，小组成员由单位领导、在职馆（室）领导、有关部门负责人、档案业务骨干等人员担任。

（2）从组织人员的知识结构上，小组人员要熟悉相关的法律法规以及规章制度，掌握丰富的档案知识以及档案业务，掌握档案划控的基本方法。

（3）从组织人员的职业操守上，小组成员要政治觉悟高、保密意识强。

（4）从组织的层次结构上，鉴定小组由初审责任科室和复审小组、终审小组构成。

鉴定组织，负责制定档案鉴定工作具体方案、档案鉴定、鉴定结果报审、研究档案鉴定过程中的疑难问题，对整个档案开放工作起到指导性的作用。

（二）档案开放鉴定规章制度

档案开放鉴定规章制度是档案开放工作的行动纲领,是档案开放法规在实际操作层面具体落实的准则。档案开放鉴定规章制度包括程序类、职责类、标准类等制度规定,内容涉及档案开放鉴定的标准、步骤、方法、职责与注意事项等。档案开放鉴定规章制度常见的形式有以下几点。

(1)《档案馆开放档案实施细则》。具体内容包括:档案开放鉴定初审工作责任科室与人员的职责;复审工作人员的构成与职责;终审人员的构成、职责与终审形式;开放档案批准、备案程序及要求;开放档案整理、编目、标识的内容;开放档案的对外公布要求等。

(2)《开放档案工作程序》。属于工作程序类规定,是开放鉴定工作各个程序的细化说明。内容包括开放档案工作目的、工作范围、工作职责、工作的具体步骤等。

(3)《开放档案鉴定初审人员工作职责》和《开放档案鉴定复审小组工作职责》。属于工作职责类规定,具体规范了开放档案鉴定初审人员、复审小组及复审人员的工作职责、工作要求以及工作标准。

(4)《开放档案鉴定控制使用档案的标准》,属于标准类规定。此规定是《各级国家档案馆馆藏档案解密和划分控制使用范围的暂行规定》(以下简称《暂行规定》)控制使用档案的二十条内容,在具体档案馆(室)组织的贯彻落实。各档案部门必须要遵循《暂行规定》的要求,根据本馆室所藏档案的具体情况,有针对性地制定控制使用档案细化标准。

（三）档案开放鉴定的程序

档案开放鉴定是一件非常严肃复杂的工作,是一个系统性的工程。其工作步骤一般采用采取初审—复审—终审的方式,操作程序如下。

1. 开放档案的初始鉴定

初始鉴定是档案开放鉴定工作真正开始的实质性一步。具体工作内容有以下几点。

(1)以全宗为单位对拟开放档案(包括保存期满 30 年的档案和拟提前开放档案)进行逐卷逐件逐页的阅读。为确保划控、鉴定、开放的档案合理科学、信息安全,初审人员绝对不可仅通过卷宗目录确定开放档案的范围,必须要严肃审慎、严格细致地审查、判断拟开放档案的具体内容。

(2)对保密期满的原涉密档案,履行解密手续。涉密档案解密工作的具体要求有以下几点。

① 国家档案机构所藏的 1991 年 1 月 1 日前形成的涉密档案,其解密工作由所藏机构负责。形成时间将满 30 年的涉密档案,原形成机关、组织认为仍属于秘密范畴的,应在该档案形成时间满 30 年前的 6 个月,以书面通知的形式所藏该档案的机构。

② 1991 年 1 月 1 日前形成的、未进入国家档案机构保管的涉密档案,其解密工作由档案形成机关、组织负责进行。向国家档案机构移交前,必须要完成清理工作。

③ 国家档案机构保管的 1991 年 1 月 1 日后形成的涉密档案,未收到保密变更通知的,保密期限届满则自行解密。

④ 国家档案机构所藏的各类涉密档案,如有必要提前开放,则必须向原档案形成组

织发出要求提前解密的通知。有关机关、组织应该在收到通知 6 个月内作出答复。

⑤ 原档案形成机关、组织被撤销或合并的,其形成的涉密档案的密级与保管期限的处理决定由承担原职能的机关、组织负责。无相应承担机关、组织的,由档案所藏机构负责。

⑥ 档案开放初审人员要对保密期满的原涉密档案,履行解密手续。初审人员还应该在已解密的原涉密档案上原标注的密级上加盖双杠,以示原标注密级作废,并在下面加盖"已解密"标识。

(3)认真填写拟开放档案审查登记表,形成开放鉴定的初审结果。

档案审查登记表主要是登记保存期满 30 年的档案和拟提前开放档案的信息,包括档案的序号、档号、全宗名称、案卷题名、卷内文件题名以及形成时间、件数、保管期限、是否开放等。拟开放档案审查登记表由初审人员填写,登记表格式如表 6-4 所示。

表 6-4 拟开放档案审查登记表

顺序号	全宗号	目录号/类别号	年度	数量		卷 号	开放档案		不开放档案		鉴定人
				卷	件		件号	数量	件号	数量	
1											
2											
⋮											

(4)将开放档案初审鉴定结果,送至档案形成机关征求意见(新中国成立前档案、已撤销单位的档案除外)。档案形成机关对所藏档案的性质最为了解,掌握着档案保密的关键内容,往往对档案哪些内容可以开放、哪些内容不能开放、哪些内容可以随时开放有着较为准确的判断。档案形成机关反馈的修正意见,对提高开放档案鉴定的工作质量有很大帮助。

2. 开放档案复审

开放档案初审鉴定工作完毕后,初审小组应将初审结果和档案形成机关的意见提交给鉴定委员会复查。复查工作包括以下几项内容。

(1)复审小组成员要对初审结果逐件进行复审。

(2)复审小组成员召开会议进行讨论,并形成复审意见。

(3)填写开放档案复查情况表。表格格式如表 6-5 所示。

表 6-5 拟开放档案复查情况登记表

序 号	全宗名称	档 号	原案卷题名	初审意见	复查意见	备 注
1						
2						
⋮						

初审人:(签名)　　　　　　　　　复审人:(签名)
时间:　　　　　　　　　　　　　时间:

3. 开放档案终审

开放档案鉴定的终审工作主要有以下几点。

（1）开放档案鉴定人员向鉴定领导委员会汇报初审情况、复审意见。

（2）鉴定领导委员会召开开放档案终审会议，并形成终审意见。

（3）依据终审决定，修改开放档案的审查鉴定结果。

（4）填写终审审批表，表格格式如表 6-6 所示。

表 6-6　拟开放档案终审审批表

序号	全宗名称	档号	原案卷题名	初审意见	复查意见	终审意见	备注
1							
2							
⋮							

初审人：（签名）　　　　复审人：（签名）　　　　终审人：（签字）

时间：　　　　　　　　　时间：　　　　　　　　　时间：

4. 开放标识

根据终审决定，开放鉴定岗位负责人需要在获准开放的案卷目录上和案卷上加盖"已开放"标识符号。

（四）开放鉴定的方法

档案开放鉴定的方法一般有两种。

1. 直接鉴定法

直接鉴定法是档案开放鉴定的基本方法，即开放档案鉴定人员直接地、逐卷逐件逐页地审查档案文件内容，并根据档案的具体内容确定其是否开放。从实际情况来看，只根据案卷标题和卷内文件目录来判断档案内容是否开放，往往会导致不能开放的内容，如组织秘密、个人隐私等，面临被开放的危险，严重威胁到档案信息的安全。面对归档基础不理想、分类不够清楚、案卷目录与卷内文件目录不齐全清晰的档案，必须坚持直接鉴定法。

2. 间接鉴定法

间接鉴定法是通过审查案卷目录与卷内文件目录确定其是否开放的方法。对于一些性质比较单纯的档案材料，如业务性统计报表、技术攻关项目、个人处分意见等，只看文件标题即能判定其是否可以开放。对于情况比较复杂的档案，应该慎用间接鉴定法。

为确保工作的质量与效率，档案开放往往采用以直接鉴定法为主，间接鉴定法为辅的鉴定方式。当间接鉴定法不能对档案内容是否开放做出明确的判断时，则必须要采用直接鉴定法。

七、档案开放的方式

（1）从开放档案的内容上看，可采取以下几种形式。

① 公布开放档案目录。

② 公布档案原文。

③ 公布档案原文中的特定内容等。

（2）从档案开放所采用的手段上看，可采用以下几种形式。

① 通过新老媒体刊发、传播。

② 陈列或展览档案或其复制件。

③ 出版发行档案史料等图书。

④ 公开出售档案复制件。

⑤ 在公开场合散发、张贴档案复制件。

八、企业档案开放

企业档案信息是企业的无形资产,记录着企业工作的全过程。其中有些涉密档案,如"谈判合同"、"研发项目"、"成果报告"、"专利申请"等,属于企业的核心秘密,关乎企业甚至国家的商业安全与未来发展。企业档案开放应该做到以下几点。

(1) 认真贯彻《保密法》以及《各级国家档案馆馆藏档案解密和划分控制使用范围的暂行规定》的精神,力争涉密文件封闭管理规范化。

(2) 科学划控涉密档案与非涉密档案的界限标准,确定可开放利用的档案、限制开放的档案、封闭限制的档案类型。

(3) 确定封闭限制使用档案的保密期限。《国家秘密保密期限的规定》规定:除有特殊规定外,绝密级事项不超过 30 年,机密级事项不超过 20 年,秘密级事项不超过 10 年。以此为借鉴,根据企业的实际情况和涉密档案的性质,科学判定涉密档案的保密期限。对于判定为封闭期限为"长期"的档案资料,无授权机关作出解密决定,档案管理部门不得擅自解除封闭或随意对外公开。

思　考　题

1. 档案利用与利用档案的区别是什么?

2. 档案提供利用的途径有哪些?

3. 哪些档案属于控制开放的范围?

4. 档案开放鉴定的程序是怎样的?

第七章

Chapter 7

档案检索

学习目标

1. 明确档案检索的概念与实质；
2. 掌握档案著录的规则、格式；
3. 掌握档案标引的概念、方法、规则；
4. 了解档案检索的各种工具及其编制方法。

　　"档案检索"有广义与狭义两种理解。广义的档案检索是指对档案文献信息进行系统存储和根据特定需要进行查找的工作；狭义的档案检索是指根据特定的需要从档案库藏中查找、获取档案或档案文献信息的过程。前者包括存储和查找两个过程；后者仅指后一个过程。从科学意义上讲，档案检索是指通过一定的媒介有选择地查找已存储的档案信息的过程。存储是查找的基础与前提，查找是存储的目的。没有存储，查找就无法实现；没有查找，存储就没有价值。因此，从实质上讲，无论是广义的理解，还是狭义的理解，档案检索都包括两个具体的过程，即存储过程和查找过程。

第一节　档案著录

一、档案著录的含义与实质

　　档案著录是指在档案存储阶段编制档案目录时，根据档案的内容特征和形式特征进行分析、选择和记录的过程。所谓内容特征，是指对档案主题的揭示，包括档案的分类号、主题词、提要等记录项。所谓形式特征，是指对不直接揭示档案主题的记录项，包括责任者、时间、载体、档号、文种等。

档案著录的最终表现形态是档案条目。档案条目是对每个案卷或文件的主题内容、科学价值、出处等内容特征和形式特征所做的一条记录。档案著录为档案工作人员和档案用户的档案管理、利用提供了便利。

二、档案著录项目

档案著录项目是指揭示档案内容特征和形式特征的记录项目。档案著录项目是构成档案条目的基本单位。根据《档案著录规则》,档案著录包括以下七个项目,每个项目又包含若干个著录单元(小项)。

(一)题名与责任说明项

题名与责任说明项包括六个著录单元。

题名即题目、标题。在揭示档案主题时具有内容特征的性质,不揭示档案主题时属于形式特征。题名包括正题名、并列题名、副题名及说明题名文字。

(1)正题名

所谓正题名,即档案的主要题名,通常情况下指单份文件的文头题目和案卷封面上的题目。

(2)并列题名

并列题名是指以第二种语言文字书写的与正题名对照并列的题名。

(3)副题名及说明题名文字

副题名即解释或从属于正题名的另一题名。

说明题名文字是指在档案题名前后对档案内容、范围、用途等进行说明的文字。

(4)文件编号

文件编号是文件在制发过程中由制发机关、团体或个人所编制的文件顺序号。文件编号包括发文字号、科研试验报告流水号、标准规范类文件的统编号、图号等。

(5)责任说明

责任说明即责任说明著录责任者。责任者,又称作者,是指对档案内容进行创造、负有责任的团体或个人。

(6)附件

附件是指档案文件正文后的、对文件正文内容作补充说明的附加材料。

(二)稿本与文种项

稿本是指档案文件的文稿、文本和版本。

文种是指文件种类的名称。

(三)密级与保管期限项

1.密级

密级是指档案文件具体的保密等级。档案文件密级有六个等级。

(1)公开级:是指档案文件可在国内外发行和交换。

（2）国内级：是指档案文件可在国内发行和交换。

（3）内部级：是指档案文件可在国内某系统或某部门内部发行、交换和赠阅。

（4）秘密级：是指档案文件内容涉及国家一般秘密。

（5）机密级：是指档案文件内容涉及国家重要秘密。

（6）绝密级：是指档案文件内容涉及国家核心秘密。

2.保管期限

所谓保管期限，是指根据档案的实际价值所确定的档案保存时间。档案保存期限，一般分为永久、长期、短期三种。

（四）时间项

时间项视不同的著录对象，分为文件形成时间、卷内文件起止时间等。

（五）载体形态项

载体形态项揭示的是著录档案的载体类型及档案载体的物质形态特征。包括载体类型、数量和单位、规格三个著录项。

1.载体类型

档案的载体有甲骨、金石、简牍、缣帛、纸、唱片、胶片、胶卷、磁带、磁盘、光盘等类型。

2.数量和单位

档案文件载体数量为阿拉伯数字，单位用档案物质形态的统计单位，如"页"、"卷"、"册"、"张"、"片"、"盒"、"米"等。

3.规格

规格是指档案载体的尺寸及型号等。

（六）附注与提要项

1.附注

附注是对档案著录需要解释和补充事项的说明。附注对象可以是各著录项目中需要注明的事项，也可以是著录项目以外需要注明的事项。

2.提要

提要是对档案文件和案卷内容概要的简介，反映着档案的主要内容和重要数据（包括技术参数等）。

（七）排检与编号项

排检与编号是目录排检和档案馆（室）业务注记项。包括分类号、档案馆代号、档号、电子文档号、缩微号、主题词或关键词六个著录单元。

1.分类号

分类号是指被著录档案文件应归属的类别。

2.档案馆代号

档案馆代号是指档案馆的名称代码。

3.档号

档号是指档案馆（室）在整理、管理档案的过程中，以字符形式赋予档案的一组代码。

4. 电子文档号

电子文档号是指档案馆(室)管理电子文件的一组符号代码。

5. 缩微号

缩微号是档案馆(室)档案缩微制品的编号。

6. 主题词或关键词

主题词是在标引和检索中用以表达档案主题内容的规范化的词或词组。

关键词是在标引和检索中取自于档案文件的题名或正文、用以表达档案主题并具有检索意义的未经规范化的词或词组。

三、档案著录标识符号

档案著录标识符号是识别不同的著录项目、单元(小项)和著录含义的标志,用在著录项目之前。档案著录标识符号有 13 个,其中著录项目标识符 7 个,著录内容标识符 6 个。

(一)著录项目标识符

著录项目标识符是在每个著录项目之前冠以一定的标识符号,用以识别所代表的项目。

1. ". —"

". —"置于稿本与文种项、密级与保管期限项、时间项、载体形态项、附注项之前。

2. "="

"="置于并列题名之前。

3. ":"

":"置于副题名及说明题名文字、文件编号、文种、保管期限、数量及单位、规格之前。

4. "/"

"/"置于第一责任者之前。

5. ";"

";"置于多个文件编号、多个责任者之间。

6. ","

","用于相同职责、身份省略时的责任者之间或同一责任者不同责任、身份之间。

7. "＋"

"＋"置于附件之前。

(二)著录内容标识符

著录内容标识符是对著录项目的解释、补充考证等含义进行标识的符号。

1. "()"

"()"置于下列著录内容的两端:责任者所属机构名称、责任者真实姓名、责任者职务或身份、外国责任者国别及姓名原文、中国责任者时代、历史档案中的朝代纪年、农历、地支代月、韵目代日转换后的公元纪年。

2. "〔 〕"

"〔 〕"置于自拟著录内容、文件编号中的年度、责任者省略时的"等"字两端。

3. "?"

"?"用于不能确定的内容,通常与"〔 〕"结合使用。

4. "□"

"□"用于表示残缺的文字。未考证出的责任者、时间及难以计数的残缺文字用 3 个"□"表示。

5. "……"

"……"用于省略内容。

6. "—"

"—"用于日期起止连接以及档号、电子文档号、微缩号各层次之间。

（三）著录标识符号使用说明

（1）". —"占两格,回行时不可拆分。";"和","各占一格,且前后不空格。

（2）除"题名与责任说明项、排检与编号项"外,各项目连续著录时,其前均冠". —"。如果回行,亦不能省略该标识符号,如果著录项目另起段落,该标识符则可以省略。

（3）如某项目缺少第一个著录单元(小项),则现位于首位的单元原规定的标识符改为". —"。

（4）重复著录一个项目或单元时,其标识符号也应重复。

（5）没有著录的项目或单元,其标识符号连同该项目或单元一并省略。

四、档案著录条目格式

档案著录条目格式是著录项目在条目中的排列顺序和表达方式。档案著录条目格式按其表现形式有两种：段落符号式条目格式和表格式条目格式。

1. 段落符号式条目格式

按《档案著录规则》规定,段落符号式条目格式将全部的著录项目划分为四个段落,同一个著录段落中的不同著录项目之间以标识符号的形式加以间隔。

第一段落有两行,其中分类号、档案馆代号分别置于条目第一行左上角、右上角的位置,档号、缩微号分别置于条目二行左上角、右上角的位置,电于文档号置于第二行的中间位置。

第二段落从第三行与档号齐头处依次著录题名与责任说明项、稿本与文种项,密级与保管期限项、时间项、载体形态项、附注项,回行时,齐头著录。

第三段落另起一行空两格著录提要,回行时与一、二段落齐头。

第四段落另起一行齐头著录主题词或关键词,词与词之间空一格,中间不用符号。

段落符号式条目既可以著录单份文件、单个案卷,也可以著录一组文件、一组案卷。其中以一份文件为著录对象的,称为文件级;以一卷文件为著录对象的称为案卷级。条目格式如图 7-1、图 7-2 所示。

分类号	档案馆(室)代号
档号 电子文档号	缩微号
正题名＝并列题名：副题名及说明题名文字：文件编号/责任者＋附件.—稿本：文种.—密级：保管期限.—时间.—载体类型：数量及单位：规格.—附注	
提要	
主题词或关键词	

图 7-1　段落符号式条目格式(以文件为著录对象)

分类号	档案馆(室)代号
档号 电子文档号	缩微号
正题名＝并列题名：副题名及说明题名文字.—密级：保管期限.——案卷内文件起止时间.—载体类型：数量及单位：规格.—附注	
提要	
主题词或关键词	

图 7-2　段落符号式条目格式(以案卷为著录对象)

2. 表格式条目格式

表格式条目格式是指将著录项目和著录位置印制成表格。通常,表格式条目格式的著录项目与段落符号式条目格式相同,其排列顺序亦参照段落符号式格式。与段落符号式条目格式相比,表格式条目格式直观,易于掌握,但著录项目的填写内容受表格大小的限制。条目格式如图 7-3、图 7-4 所示。

分类号		档案馆(室)代号
档号	电子文档号	缩微号
正题名＝并列题名：副题名及说明题名文字：文件编号/责任者		
＋附件.—稿本：文种.—密级：保管期限.—时间.—载体类型：数量及单位：规格.—附注		
提要		
主题词或关键词		

图 7-3　表格式条目格式(以文件为著录对象)

分类号		档案馆(室)代号
档号	电子文档号	缩微号
正题名＝并列题名：副题名及说明题名文字.—密级：保管期限.——案卷内文件起止时间.—载体类型：数量及单位：规格.—附注		
提要		
主题词或关键词		

图 7-4　表格式条目格式(以案卷为著录对象)

3. 著录条目卡片

一般情况下,文件级和案卷级条目著录在规范的卡片上。卡片的尺寸是 12.5m×7.5cm,卡片四周均留有 1cm 的空白。著录时,按著录项目的前后依次著录,若卡片正面著录不完,则可用卡片背面或续卡继续著录,并在左下角注明卡片标识,如"2/3"表示卡共3 张,该卡是第 2 卡,在右下角以"( )"的形式注明"转背面"或"下页",如图 7-5 所示。

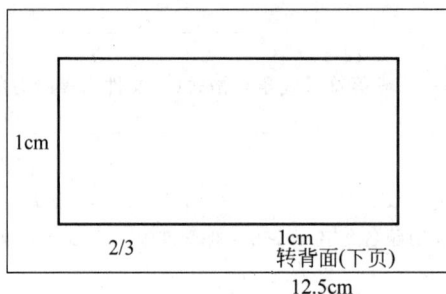

图 7-5　卡片规格图式

五、档案著录用文字和著录信息源

(一)著录用文字

档案著录用文字必须规范,要求如下。

(1) 字体要端正清晰,不得用草书、行书缮写。

(2) 汉字要使用规范化的简化汉字、外文与少数民族文字要依照其文字规则书写。

(3) 著录题名的数字可以照录原题名的写法,其他各著录项(文件编号项、时间项、载体形态项、排检与编号项)中的数字一律用阿拉伯数字。

(4) 图形及符号应照录,无法照录的可改为其他形式的相应内容,并加"〔 〕"号标识。

(二)著录信息源

著录信息源的具体要求有以下几点。

(1) 著录信息来源于被著录的档案。

(2) 著录单份或一组文件,主要依据档案原文的文头、文尾。

(3) 著录一个或一组案卷,主要依据案卷封面、卷内文件目录以及备考表等。

(4) 若被著录档案本身信息不足,可参考其他有关的档案资料。

六、著录细则

(一)题名与责任说明项

1. 正题名

(1) 正题名照原文著录,题名中的符号、字母与数字不得遗漏。

(2) 没有题名的单份文件,依其内容自行拟写题名著录,并加"〔 〕"号。

(3) 如果单份文件题名不能揭示其内容,照录原题名,并据其内容另拟题名附后,加"〔 〕"号。例如:"报告〔×××关于开展小金库专项清理的情况报告〕"。

（4）如果单份文件的题名过于冗长时，在不丢失重要信息和损伤原意的情况下，可删去冗余部分，节略内容用"……"号表示。

（5）案卷题名不能揭示案卷内容或题名过于冗长时，一般应重新拟写，将原题名修改好后再著录。

2. 并列题名

必要时并列题名与正题名一并著录，以便于按两种文字查找。汉语题名后所对应的汉语拼音题名，不能视为并列题名，不予著录。并列题名前加"＝"号。

3. 副题名及说明题名文字

（1）当正题名含混不清或不能揭示文件或案卷内容时，副题名照原文著录；若正题名能够反映档案内容，副题名则不必著录。副题名前加"："号。

（2）必要时说明题名文字照原文著录。说明题名文字前加"："号。如："档案著录规则：行业标准"。

4. 文件编号

（1）文件编号一般由机关代字、年度、顺序号构成。文件编号除年度用"［　］"号外，其余照原文字和符号抄录，其前加"："号。如："京档局发［1987］16 号"。

（2）如遇联合发文有多个文件编号时，一般只著录主办机关文件编号，但立档机关的文件编号必须著录。

（3）若著录多个文件编号，则中间用"；"隔开。如"京政发［1997］26 号；京档局发［1997］16 号"。

5. 责任说明

（1）一个责任者时，照原文著录，其前加"／"号。

（2）多个责任者时，著录首位责任者，立档单位本身是责任者的，必须著录，其余视需要著录。被省略责任者用"［等］"表示。第一个责任者之前加"／"号，责任者之间用"；"号相隔。如："／国家计委；国家经委；国家档案局"。多个责任者具有同一职责或身份又必须著录时，可将职责或身份置于最末一个责任者后的"（）"号中，责任者之间以"，"号相隔。如："／徐××（主任）；舒××，项××，王××（副主任）"。同一责任者有多个职责或身份又必须著录时，可将多个职责或身份置于责任者后的"（）"中，职责或身份之间以"，"相隔。如："／王××（主任，党组书记）"。

（3）机关团体责任者。

① 机关团体责任者必须著录全称或不发生误解的通用简称。如"／中国共产党中央委员会"或"／中共中央"、"／中华人民共和国外交部"或"／外交部"、"／河北省人民政治协商会议"或"／河北省政协"。

② 著录历代政权机关团体责任者时，其前应冠以朝代或政权名称，并加"（）"号。如："／（清）内阁"、"／（汪伪）财政部"。

（4）个人责任者。

① 个人责任者一般只著录姓名，必要时名后著录职务、职称或其他职责，并加"（）"

号。如："/陈毅(外交部部长)"。文件所署个人责任者有多种职务时,只著录与形成文件相应的职务。如毛泽东签署中共中央文件时,责任者应录为"/毛泽东(中共中央主席)";毛泽东签署中央军委文件时,责任者应录为"/毛泽东(中央军委主席)"。

② 著录清代及其以前的个人责任者时,应冠以朝代名称,并加"()"号。如:"/(清)左宗棠"。

③ 著录少数民族个人责任者,应依照其民族署名习惯。

④ 外国责任者姓名前应著录相应历史时期易于识别的国名简称,其后著录统一的中文姓氏译名。必要时著录姓氏原文和名的缩写。国别、姓氏原文和名的缩写均加"()"号。如:"/(苏)斯大林(СТА,ЛИН,И.В.)"。

⑤ 文件所署责任者是别名或笔名时,均按原文著录,但应将其真实名称附后,并加"()"号。如:"/鲁迅(周树人)"。

⑥ 未署责任者的文件,应著录根据其内容、形式特征考证出的责任者,并加"[ ]"号;若考证无果,则以三个"□"代之。

⑦文件责任者不完整时,按原文著录,并考证出完整责任者附后,并加"[ ]"号。如:"/周[周恩来]"。

⑧ 文件责任者有误,按原文著录,并考证出真实责任者附后,并加"[ ]"号。如:"/张民[张芪]"。

⑨ 考证出的责任者证据不充分时,在其后加"?",一并录于"[ ]"号。如:"/[郭沫若?]"。

6. 附件

有些附件是文件正文的重要补充说明性材料,著录时不能忽视。

(1) 只著录附件题名,其前冠"+"号。

(2) 若文件正文有多个附件,应逐一著录各附件题名,各附件题名前均冠以"+"号。如:"+2005年市政建设工程拖欠工程款情况汇总表+××区政府关于解决市政工程欠款问题的请示"。

(3) 若附件题名过长,可简略,但省略内容要用"…"号表示,自拟的附件题名加"[ ]"号。如:"+2005年市政建设工程拖欠工程款情况汇总表+××区政府关于解决市政工程欠款问题的请示"可以节缩为"+2005年…汇总表+××区政府…请示"。

(4) 若附件题名具有独立的检索意义,可另行著录条目,并在附注项中说明。

(二) 稿本与文种项

1. 稿本

依实际情况稿本项著录为草稿、定稿、手稿、草图、原图、底图、蓝图、正本、副本、原版、试行本、修订本、影印本、各种文字本等,其前加". —"号。

2. 文种

依实际情况文种项著录为命令、决议、指示、通知、请示、报告、批复、函、会议纪要、说明书、协议书、鉴定书、任务书、判决书、国书、照会、诰、敕、奏折等,其前加":"号。

（三）密级与保管期限项

1. 密级

密级一般按文件形成时所定密级著录,对已升、降、解密的文件,应著录新的密级,公开级、国内级可不著录。密级前加".—"号。

按 GB/T 7156—1987 第 4 章文献保管等级代码表,文献划分为六个秘密级别,名称与代码对应关系如表 7-1 所示。

表 7-1　文献保密等级代码

等级名称	数字代码	拼音代码	汉字代码
公开级	0	GK	公开
国内级	1	GN	国内
内部级	2	NB	内部
秘密级	3	MM	秘密
机密级	4	JM	机密
绝密级	5	UM	绝密

2. 保管期限

保管期限一般按案卷组成时所定保管期限著录,其前加"："号,若已更改的,应著录新的保管期限。

（四）时间项

（1）依据不同的著录对象,时间项可分为文件形成时间、卷内文件起止时间等。其前均加".—"号。

（2）时间要用 8 位阿拉伯数字表示,前 4 位表示年份,中间 2 位表示月份,末 2 位表示日期。

（3）历史档案中的朝代纪年、农历、地支代月、韵目代日,应照原文著录,同时将换算好的公元纪年附后,并加"（）"号。如：".—清乾隆 10 年 9 月 26 日（17451021）"。

（4）没有标记形成时间的文件,应根据其内容、形式等特征考证出形成时间后著录,并加"〔 〕"号。

（5）文件时间不完整或部分时间字迹模糊不清时,仍著录原时间,其中缺少或字迹不清的部分以"□"补之,再将考证出的时间附后,并加"〔 〕"号。如：".—1945□□□□〔19450726〕"、"—□□□□1106〔19691106〕"。

（6）文件时间记载有误或有疑义时,仍照原文著录,再将考证出时间附后,并加"〔 〕"号。如：".—19500105〔19510105〕"。

（7）文件形成时间考证不出,则可以著录为".—□□□□□□□□",也可以著录文件上的收文时间、审核时间、印发时间等其他时间,并在附注项中说明。

（8）若考证出的时间根据不充分时,在其后加"?"号,一并著录于"〔 〕"号内。

（9）文件起止日期。

以一组文件、一卷、一组案卷为对象著录一个条目时,以其中最早形成的文件时间为开始时间,以最迟形成的文件时间为终止时间,其间用"-"号连接。著录起止时间,不能省略年度。如":. —19890107-19891015"。

（五）载体形态项

1. 载体类型

以纸张为载体的档案一般不予著录,其他载体类型据实著录,其前加". —"号。

2. 载体形态

（1）数量及单位

数量用阿拉伯数字表示,单位用档案物质形态的统计单位,如"页"、"卷"、"册"、"张"、"片"、"盒"、"米"等。著录时其前加":"号。如":. —唱片:2 张"。

（2）规格

规格指档案载体的型号、尺寸等,著录时其前加":"号。如":. —缩微平片:5 张:105mm×148mm"、". —录像磁带:3 盒:3/4 英寸"。

（六）附注与提要项

1. 附注

附注内容根据各项目顺序进行著录,项目以外需补充说明的列在其后。每一条附注均以". —"号分隔。

（1）题名附注

题名附注标注的是同一文件的不同题名或其他称谓。如":. —题名又称贸易协定"。

（2）责任者附注

责任者附注标注考证责任者的依据和未著录的责任者数目或名称。如":. —责任者据笔迹考证"。

（3）时间附注

时间附注标注的是考证时间的依据。如果著录时间项不是文件的形成时间,应注明为何种时间。如":. —时间为收文时间"。

（4）载体形态附注

载体形态附注标注的是载体形态残破、污损、变质及字迹退变等情况。如":. —中间缺 3 页"。

（5）著录项目以外需要注明的事项

有以下情形者,应予以著录项目以外的标注:一是被著录文件有不同的稿本或其他载体形态;二是被著录文件来源于捐赠、购买、交换、复制、寄存等形式;三是被著录文件经鉴定为赝品;四是被著录文件有关系密切的相关文件。

2. 提要

提要内容根据汉语语法习惯和标点符号使用法著录,字数一般不超过 200 字。

（七）排检与编号项

排检与编号项属于目录排检和档案馆（室）业务标注项。

1. 分类号

分类号位于条目第一行左上角。分类号依据《中国档案分类法》的有关规定著录。

2．档案馆代码

档案馆代码位于条目第一行右上角。著录的依据依据是《编制全国档案馆名称代码实施细则》所赋予的代码。

3．档号

档号位于条目第二行左上角，与分类号齐头。档号项各号间以"-"号相隔。

4．电子文档号

电子文档号位于条目第二行的中间位置。

5．缩微号

缩微号位于于条目第二行右上角，与档案馆代码齐头。

6．主题词或关键词

（1）主题词依据《中国档案主题词表》和本专业、本单位的规范化词表进行著录。

（2）各词之间没有标点符号，空一个汉字位置隔开，一个词或词组不得分作两行书写。

第二节　档案标引

一、档案标引的概念与主要种类

（一）档案标引的概念

档案标引是指将档案的主题分析转化为规范化的检索标识的过程。档案标引是档案检索的关键环节。经过档案标引，档案的内容信息由无序状态转化为有序状态，从而为形成有效的检索系统、从内容方面查找档案提供了依据。

（二）档案标引的主要种类

1．分类标引

所谓分类标引，就是根据档案内容的分析结果，赋予档案分类号的过程。档案著录时，将档案条目的分类号有序排列，就会形成与分类体系相同的逻辑系统，从而为档案利用提供了从分类号进行检索的路径。

2．主题标引

所谓主题标引，是指根据对档案内容的分析结果，赋予其规范化的主题词标识的过程。主题标引是用规范化的词语直观地揭示出文件、案卷所论及的内容或涉及的事物，与分类标引符号代码相比，更为直接、灵活。主题标引为档案的利用提供了从主题词进行检索的路径。

二、档案标引的步骤

（一）研读档案标引的方法与规则

《中国档案分类法》是我国档案分类标引和检索规范化的工具书。《中国档案分类法》由《中华人民共和国档案分类法》、《新民主主义革命档案分类表》、《民国档案分类表》、《清代档案分类表》四个独立的档案分类表组成,每个分类表下列有主表和辅助表,主表设置档案基本大类,基本大类下分设若干属类。为保证档案检索的质量,提高档案检索的效率,实现档案资源的共享,《中国档案分类法》已经成为我国各级各类档案馆(室)档案分类标引的主要依据,档案标引人员系统研读《中国档案分类法》及其使用指南十分重要。

主题标引的依据是《中国档案主题词表》和《档案主题标引规则》。为使档案标引工作标准化、规范化,档案标引人员必须要熟练掌握主题词表的结构体制、使用方法和标引大规则。

(二)分析档案主题

1. 档案主题结构

按《文献主题标引规则》,文献主题由五个因素构成,即主体因素、通用因素、位置因素、时间因素、文件类型因素。

(1)主体因素

所谓主体因素,是指档案文件或案卷所论述的关键性概念,是主题词表中具有独立检索意义的主题词,是该档案的检索入口。主体因素通常是各事物、各学科的最基本概念,包括研究对象、材料、过程、方法、条件等。

(2)通用因素

所谓通用因素,是指某些泛用的概念或词汇,对主体因素有细分和修饰的作用。通用因素,没有独立的检索意义。

(3)位置因素

所谓位置因素,是指文件或案卷中所论述对象的空间和地理位置的概念。包括国家、地区、地名、机构等方面的主题词。位置因素,没有独立的检索意义,不能作为检索入口。

(4)时间因素

所谓时间因素,是指文件或案卷论述对象所在的时间概念,包括朝代、年代、年份等方面的标识。时间因素,一般没有独立的检索意义,不能作为检索入口。

(5)文件类型因素

所谓文件类型因素,是指文件的种类或形式方面的概念。包括通知、请示、论文集、会议记录等。

上述五种因素构成了档案主题可能会出现的范畴。实际上,有的主题五个因素全部具备,有的主题只是包括其中的个别因素。在五种因素中,主体因素是主要因素、核心因素,是分类标引的主要依据,是主题词标引中优先标引的概念。其他各因素对主体因素起到修饰或限定的作用,处于从属地位。在档案标引时,通常按照重要程度递减的顺序进行主体标识,即主体因素—通用因素—位置因素—时间因素—文件类型因素。如"中国高等教育学会秘书学会2011年学术研究专刊"所形成的标题式标识应该为"秘书学—研究—中国—2011—专刊"。

2. 主体分析

主题分析一般采用以下方法。

（1）题名分析

档案题名是档案责任者或立卷人对档案内容的概括。大部分档案的题名能够准确反映档案主题。故而，档案题名是分析档案主题的重要信息源。但是也有一部分档案的题名对档案的主要内容反映得不够精准，所以不能把档案题名作为主题分析的唯一依据。

（2）浏览正文

浏览正文对全面揭示档案主题有着重要的意义。档案文件的文头、文尾、段落题名，往往涉及文本的形成背景、写作动机和主题。尤其是题名不能充分、准确地反映档案内容时，认真浏览正文更为必要。

（3）阅读文摘、简介、批语等

文摘、简介、领导批语往往涵盖着档案文本的主题内容。如果档案文件具有这些组成部分，标引人员一定不要忽视。

（三）标引分类号、主题词

标引分类号、主题词是将主题分析结果进行概念转换的过程，即将自然语言概括出的主题，对照《中国档案分类法》、《中国档案主题词表》，转换为类号代码和主题词，并将其作为检索标识赋予被标引的档案。

由于档案主题的复杂性，档案标引的情况也不尽相同。单主题档案的标引相对比较简单，只要标引相应的分类号或一至几个主题词即可；多主题档案的标引则需要将多主题分解为单主题，分别标识分类号和主题词；简单概念的主题在词表里可以直接直找到相匹配的分类号与主题词；复杂概念的主题则需要进行概念分解，并在此基础上选择标识类目与主题词。

（四）标引审校

为确保档案标引的质量，必须要对分类标引结果进行全面的审校。审校内容一般包括以下几点。

（1）提炼的主题是否恰当。

（2）分类号、主题词是否准确。

（3）同类档案归类是否一致。

（4）书写是否正确、规范。

三、档案分类标引的原则

（一）基本原则

档案分类标引须遵循以下 6 个基本原则。

1. 客观性原则

档案分类标引的依据是以国家机构、企事业单位的职能分工范围为切入点，结合档案所涉及的内容，并兼顾档案其他特征。分类标引时，一定要精准地进行主题分析、准确地识别类目、恰当地给予分类标识。

2. 规范化原则

《中国档案分类法》、《档案分类标引规则》是档案分类标引工作的依据和准绳。国家机关、企事业单位的档案分类方法一定要按照《中国档案分类法》的编制说明和《档案分类标引》的要求,结合本单位的实际情况制定。

3. 全面性原则

档案分类标引时,必须要在全面理解类目之间的联系和类目注释限定的基础上,辨别分类表类目的含义和各个类目范围。

4. 适度性原则

档案分类标引的深度,应该与档案主题概念的内涵与外延相一致,不能标引不足或标引过度。为使档案标引深度适度,在档案标引过程中一定要充分考虑实际的检索需求和检索方式、档案的具体内容和用途。一份档案文件或案卷如果涉及两个或两个以上的主题,除按第一主题或最重要的主题标出确切的分类号外,必要时还可以对其他主题附加相应的分类号。

5. 专指性原则

档案分类标引必须要符合专指度的要求分入恰当的类目,切不可分入较宽的上位类或较窄的下位类。当分类表中无恰当的类目时,可分入范围较大的类目(上位类)或与档案内容密切相关的类目。

6. 一致性原则

同一主题档案不论文本类别与载体类型有何不同,标引分类号均应一致。对于一些难以分类或无恰当类目可归的档案,可以归入上位类或与其密切相关的其他类目以及增设类目。无论何种情形,都应在处理后作出记录。

(二)各种主题档案分类标引原则

1. 单主题档案的分类原则

(1)只记述一个主体或一个问题的单主题文件或案卷,一般按主题的主体因素所属的类目给予分类标引。

(2)不同职能部门产生的同一事物的档案,应按相应的职能分工范围所属的类目给予分类标引。

(3)文件或案卷论述的主题互相交叉时,如果记述的内容所属于同一职能分工范围的并列类目,则归入其上位类目;如果记述的内容属于不同职能的分工范围,则依据其主要内容归类;如果记述内容不分主次,则同时归入各有关的职能分工范围的类目。

(4)文件或案卷论述的主题涉及位置、时间等因素时,按《中国档案分类法》的要求需要注明复分的则应标出复分号,否则可以省略。

2. 多主题档案的分类原则

(1)几个主题是并列关系的文件、案卷,各主题都应给予标引。如果各主题属于同一上位类之下的并列的校内,则可归入上位类。

(2)各主题是从属关系的文件、案卷,如果是上下位关系,则归入上位类;如有重点,则依重点归类;如较小主题具有检索价值,则按较小主题的所属类目标引。

四、主题标引的原则

主题标引是对档案主题分析出的概念给予主题词标识的过程,应遵循以下几个原则。

1. 客观性原则

主题标引必须要在认真分析文件或案卷的内容的基础上,对档案主题做出真实、客观、贴切的标识,不可以主观臆测、评价。

2. 标准化原则

(1)主题标引用词,必须是主题词表中的主题词,即正式主题词。

(2)书写形式应与词表中的书面形式相一致,不得有任何改动。

(3)非正式主题词,与正式主题词同义或近义,主题词表中虽有收录但规定其只起指引作用,不能作为标引词使用。

3. 专指性原则

(1)主题标引必须要选用档案主题词表范围中最专指的主题词。

(2)当主题词表中没有与档案主题概念直接对应的专指词时,应选用其他方法标引。

① 组配标引,即两个或两个以上的主题词组合起来标引一个。

② 靠词标引,即用上位概念主题词或近义词标引主题概念。

③ 增词标引,又称关键词标引,即用主题词表以外的、未经规范化处理的自然语言词标引。

无论选用何种方式进行标引,都应尽可能达到很好的专指度。

4. 标引深度适度性原则

主题标引深度,可以理解为标识出的主题词的数量。主题标引深度受到档案价值的影响:价值大的档案要深度标引,价值小的档案要浅标引。一个标引对象,其标引用词一般以 2～10 个为宜。

5. 优先使用原则

从实质上讲,主题标引的优先顺序,就是优先使用最佳的标注方法,以期达到最少的主题词描述出最完整、最准确的主题内容。主题标引优先顺序可以表述为:专指词标引—组配标引—靠词标引—关键词标引。

第三节 常见的档案检索工具

一、目录

1. 案卷目录

案卷目录如表 3-4 所示。

2. 卷内文件目录

卷内文件目录是排列在卷内文件之前,用以登记卷内文件题名和其他特征并固定文件排列次序的表格。目录格式如表 7-2 所示。

表 7-2 卷内文件目录

顺序号	文号	责任者	题　名	日期	页号	备　注

3. 全引目录

全引目录又被案卷文件目录、卷内文件目录汇集。它是以全宗为单位,将案卷目录与卷内文件目录相结合按照一定的次序编排而成的检索工具。案卷文件目录的内容一般包括案卷目录与卷内文件目录的所有内容。全引目录格式如表 7-3 所示。

表 7-3 全引目录

立档单位:＿＿＿＿＿		全宗号:＿＿＿＿＿		目录号:＿＿＿＿＿		
案卷号	题　名		起止日期	总页数	保管期限	
顺序号	文号	责任者	题名	日期	页号	备　注

4. 全宗目录

全宗目录又称全宗名册,是一种以档案馆室为单位,介绍档案馆室所有全宗状况的检索工具。全宗目录概要地反映了馆室所藏档案的基本情况,是档案的利用、统计和保管工作的得力工具。各级、各类档案馆室都应该设置全宗目录。全宗目录登录的内容包括全宗号、全宗的名称、全宗内案卷数量及起止年代。目录格式如表 7-4 所示。

表 7-4 全宗目录

全宗号	全宗名称	档案所属年限	档案数量(卷/件)
1			
2			
⋮			

5. 分类目录

分类目录是根据分类表以分类号为排检项,对档案馆(室)所有档案信息进行逻辑编排而成的一种检索工具。分类目录完全突破了全宗、立档单位、形成年度、保管期限等界限,按照档案内容的隶属或平列关系将全部档案统一分类。分类目录,集中反映出某一类事物的档案,具有很强的族性检索功能。

目前,用于手工检索的分类目录大多采用卡片式。编制卡片式分类目录需要注意以下几点。

(1)分类目录的著录标引,应根据《中国档案分类法》、《档案著录规则》的有关规定和要求进行。

（2）主要采用一文一卡的编制方法,案卷内文件内容比较单一的,也可同时采用一卷一卡的编制方法。

（3）当一件（卷）文件需要标引多个分类号时,应分别编制卡片,做到一号一卡。

（4）填好的卡片需要系统排序。排序方式以《中国档案分类法》为准。

① 一个历史时期的档案应该分别排列。

② 一个时期不同种类的档案不能分别排列。

③ 排列时,按分类号的顺序依次置放卡片,即字母（大类代码）相同者集中为一组,同一字母的条目再按分类号中的阿拉伯数字由小到大的顺序排列。

④ 不同类目的排列顺序应与分类表一致。

⑤ 同一类目内卡片的排列标准顺序为:年度—级别—责任者—时间—地区—全宗。

（5）为方便查阅,分类目录卡片盒中应放置指引卡。

6. 主题目录

所谓主题目录是将文件或案卷的主题词按字顺序排列而成的一种检索工具。目前,手工检索的主题目录多是卡片式形式。主题目录条目格式如图 7-6 所示。

标题款目汉语拼音		
标题款目	分类号	档案馆（室）代号
档号	电子文档号	缩微号
正题名＝并列题名:副题名及说明题名文字:文件编号/责任者＋附件.—稿本:文种.—密级.保管期限.—时间,—载休类型.数量及单位:规格.—附注		
提要		

图 7-6　主题目录条目格式

编制主题目录需要注意以下几点。

（1）主题目录的编制必须以《中国档案主题词表》、《档案著录规则》为依据。

（2）一般采用一文一卡式:将文件的主题词按顺序依次著录在卡片上。

（3）主题目录条目以标题款目中主题词首字的字顺排序。

（4）一件（卷）档案组配成的主题词,标题款目有几条,则填制几张卡片。如标题款目可以轮排,则分别填卡,分别排序。

（5）如果条目过多,指引导片应标出主题词的第二个字。

7. 专题目录

专题目录是集中、系统地揭示有关某一专门事物、某一专门内容档案的检索工具。专题目录突破了全宗、类别等方面的限制,以某一专题档案为著录对象,将档案馆（室）范围内的有关某一专题的档案全部集中起来,便于利用者专题研究。编制专题目录,需要注意以下几点。

（1）选择能体现馆室档案特色且具有一定研究价值的专题。

（2）选择的题目不能与分类类目相同。

（3）选材时先从材料最多的全宗或类目开始,然后再过渡到材料比较分散的全宗或类目。

（4）选材要分粗选与精选两步走：粗选材料多多益善，而在此基础上被精选出的材料则要精益求精。

（5）视文件的具体内容，选用一文一卡、一卷一卡或多文（卷）一卡的形式著录。一个专题目录中，三种卡片形式可以交叉使用。

（6）专题目录条目可以根据文件或案卷的内容信息，采用问题、时间、地区、级别、责任者、重要程度等方式排列。

二、索引

（一）文号索引

在机关档案室查找档案资料，人们往往习惯于不提文件的具体题名，而是仅仅提供作者、文号作为查档线索。文号索引就是以文号为检索项，指明文件档号、揭示文件存址的一种检索工具。文号索引按发文机关和年度分别编制，同一年度、同一发文机关的文件编制一张表格。文号索引没有固定的标准格式，档案秘书可以自行制作。文件索引常见的格式有号码对应式、位置对应式。

1. 号码对应式文号索引

号码对应式文号索引表的格式如表 7-5 所示。

表 7-5　号码对应式文号索引表

××年××机关文号索引

00		10		20		30		40		50		60		70		80		90	
01		11		21		31		41		51		61		71		81		91	
02		12		22		32		42		52		62		72		82		92	
03		13		23		33		43		53		63		73		83		93	
04		14		24		34		44		54		64		74		84		94	
05		15		25		35		45		55		65		75		85		95	
06		16		26		36		46		56		66		76		86		96	
07		17		27		37		47		57		67		77		87		97	
08		18		28		38		48		58		68		78		88		98	
09		19		29		39		39		59		69		79		89		99	

号码对应式文号索引表的特点有以下几点。

（1）表格揭示的是文件号与档号的对应关系。

（2）每页一表，表内有 100 格，代表 100 件发文，固定数字代表文号，与文号并列的空格填写该文件的档号。

（3）满 100 时，在"00"前加注 1，即格内数字为 100，表示发文号 100；满 200 时，在"00"前加注 2，以此类推。这样，0～99 为索引第一页，100～199 为索引第二页，200～299 为索引第三页，以此类推。

2. 位置对应式文号索引

位置对应式文号索引的格式如表 7-6 所示。

表 7-6　位置对应式文号索引

	0	1	2	3	4	5	6	7	8	9
0										
1										
2					※					
3										
⋮										

位置对应式文号索引表的特点有以下几点。

(1) 表格揭示的是文件号与档号的对应关系。

(2) 表格不一一列出文号,而是由横纵坐标的读数表示文号,并在该位置直接填写该文件的档号。

(3) 表格的横坐标由数字 0～9 分成 10 列、纵坐标由 0 到某数字分成若干行。第一行表示 1～9 号个文件,第二行表示 10～19 号文件,以此类推。如"※"即表示 25 号文件,著录时在该位置填写 25 号文件相匹配的档号。档号包括全宗号、目录号、案卷号、页号等信息。

(4) 纵坐标的行数由发文机关一年内发文的总数来决定。

3. 其他格式

为检索便利,档案秘书往往会根据实际的需要编制文号索引。目前,一些机关单位档案部门的文号索引不但标识出文号与档案号的关系,而且还标识出文件的存放位置,使用起来非常方便,如表 7-7 所示。

表 7-7　文号索引表

责任者	时间	文号	档　号				存放位置	
			全宗号	目录号	案卷号	页号	库号	柜号

（二）人名索引

人名索引是将档案所涉及的人物及其相关情况著录下来,并指明其出处的一种检索工具。人名索引提供了一条以人名为线索的档案检索路径,适用于人物信息档案材料的查检。

人名索引从体例上可以分为两种:综合性人名索引和专题性人名索引。综合性人名索引,是以档案馆(室)所有档案文件为著录对象,其中涉及的人名全部编成索引。专题性人名索引是以某一专题范围(如任免、奖惩、职称、离退休等)为著录切入点,对涉及该专题的人名编制而成的索引。人名索引条目著录的内容包括:姓名、年度、目录号、卷号、页号,格式如表 7-8 所示。

表 7-8　人名索引表

姓　名	存放位置：			
	年度	目录号（分类号）	卷号	页号

编制人名索引需要注意以下几点。

（1）机关单位档案中涉及的人名有很多，综合性人名索引这种大而全的著录方式，不但加大了档案秘书的工作负担，而且使很多检索价值很低的人名进入到检索系统，弱化了重点，检索效果并不理想。所以，编制手工人名索引时一般慎用。

（2）某些特殊内容的档案，如人事档案、外事档案、诉讼档案等，涉及的人名大都有检索价值，可以考虑编制综合性人名索引。

（3）人名索引可按音序、笔画、笔顺、部首、四角号码等方式排列，前两种比较常用。

（4）为方便检索每个专题，专题人名索引编完后，要在其前边置放索引目录，对所索引的专题内容和具体位置做出说明。索引及目录格式如表 7-9、表 7-10 所示。

表 7-9　专题人名索引

姓名		曾用名		性别		出生年月		民族		籍贯	
简历											
档案内容摘要											
全宗号			案卷目录号			案卷号				页号	

表 7-10　专题人名索引目录

序号	索引内容	所在页号

（三）地名索引

地名索引是将档案所涉及的地名及其相关情况著录下来，并指明其出处的一种检索工具。地名索引提供了一条以地名为线索的档案检索路径，适用于对某一地区各方面情况的查询。地名索引主要包括地名、档号、页号等信息。索引格式如表 7-11 所示。

表 7-11　地名索引表

地名	曾用名	存放位置：			
		年度	目录号（分类号）	卷号	页号

编制地名索引需要注意以下几点。

（1）并不是机关里所有的档案都需要编著地名索引。如果机关档案涉及的是本地区、本机关的相关情况，那么档案的地区特征可以从立档单位的名称中体现出来，地名索引没有必要编制。如果档案涉及的是下级或其他地区的情况，则需要通过地名索引来标识线索。

（2）对于历史档案，如有地名更改或归属变化的情况，需要编著地名索引。

（3）地名索引排列可以以地名首字的音序、笔顺等字序排列。

（四）档案存放位置索引

常用的档案存放位置索引有两种：全宗存放位置索引和库房存放全宗索引。

（1）全宗存放位置索引。索引表见表 5-2。

（2）库房存放全宗索引。索引表见表 5-3。

三、指南

（一）档案馆（室）指南

档案馆指南又被称为档案馆介绍，是一种全面介绍馆室所藏档案的工具书。档案馆（室）指南内容包括以下几点。

1. 前言

正文之前的说明或提示部分，也被称为导言或绪论。前言内容一般包括：编写指南的目的、基本原则；指南的结构体系、使用方法；编写人员简介与编写过程简介等。

2. 目录

3. 档案馆（室）概况

档案馆（室）概况内容包括：档案馆（室）历史沿革；档案馆（室）的内部机构设置；所藏档案和相关资料综述；档案利用情况介绍等。

4. 馆（室）藏档案情况介绍

馆（室）藏档案情况介绍是指南的主体部分，一般以全宗为单位。介绍方法既可以对每一个全宗逐一介绍，也可以按照档案整理保管的类项进行介绍，介绍内容既可以全面具体，也可以仅仅指出全宗的名称、起止时间、数量；介绍的顺序既可以以全宗号的顺序排列，也可以根据全宗的其他特征排列。

5. 馆藏资料情况介绍

对于馆室档案有重要补充作用的资料重点介绍，一般资料可以不做介绍。介绍的内容有：种类、来源、数量、时间、内容、分类等。

6. 附录

附录是附在正文之后的与正文内容有关的补充性材料。内容包括：全宗名册、与指南相关的索引、档案利用的规章制度等。

（二）全宗指南

全宗指南又被称为全宗介绍，是揭示立档单位及其所形成的档案档案情况的工具书。全宗指南包括以下几点。

（1）立档单位沿革简介：该部分主要介绍全宗构成单位名称、主要职能、隶属关系、内部组织机构、主要领导人等方面的情况和沿革。

（2）全宗内档案情况简介：主要包括档案的数量、进馆日期、保管期限、鉴定情况、完整程度、利用价值、检索工具等内容。

（3）全宗内档案的内容与成分：该部分是全宗指南的主体部分。一般以文章的叙述形式、综合概括的方法，依照全宗的整理体系加以介绍。以组织机构来分类的全宗，主要介绍档案形成者的基本职能和主要活动方面的档案；以某些特定主题的全宗，除介绍档案名称、形成者、文件形成时间等基本信息外，还要指明档案的检索要素；以人物来分类的全宗，主要介绍个人的档案资料信息，包括个人的著作、与其人有关的文件、主要公务活动、影像等。

（三）专题指南

专题指南又称为专题介绍，是介绍档案馆（室）某一专题档案的工具书。专题指南的编写与全宗指南类似。专题指南在结构上包括3个部分。

1. 序言

概括介绍该专题的选题目的、选材范围、编制方法等。

2. 主体

以专题目录的类目为基础，介绍档案形成者、形成时间、名称、检索要素等内容。

3. 附录

对专题指南所涉及全宗的名称、检索工具等信息进行补充说明。

思 考 题

1. 档案著录有哪些要求？
2. 档案标引的步骤有哪些？
3. 档案分类标引的规则是什么？
4. 常用的检索工具有哪些？

第八章

Chapter 8

档案编研

学习目标

1. 了解档案编研工作的主要内容、特点及其意义；
2. 明确现行文件汇编和档案参考资料的种类；
3. 掌握档案汇编、大事记、组织沿革的体例及编写方法。

第一节 档案编研工作概述

　　档案的编研是指档案管理机构以馆（室）藏档案为基础，将所著录、标引的档案信息根据不同的用途，把内容上具有一定联系的档案资料组合成各类档案集合并对外公布或出版的工作。开展档案编研工作，有利于将具有潜在利用价值的个例档案通过内容上的联系汇集成册，便于使用者集中、有效地开发利用档案信息资源。档案编研是开展档案信息服务工作的必要环节，也是开发档案信息资源的有效途径，在档案管理过程中起着重要的作用。

一、档案编研工作的主要内容

　　档案编研工作一般分为编辑档案、研究档案和输出档案信息三个环节，具体内容包括以下几个方面。

　　1. 编辑档案文集和汇编专题史料

　　该项工作又被称为档案文献编撰。通过对馆藏原始资料进行收集、挑选、整理、编排，汇编成册，向利用者提供真实、可靠、系统的文献资料。常见的档案文集和专题史料成果包括党政机关的重要文件汇编、相关政策法令汇编以及各类史料档案汇编等。

该项工作的成果具有以下三个方面的特点。

（1）原始性。编撰、辑要的内容都是馆藏的原始材料，而不是其他加工后的二手材料。

（2）系统性。汇编工作的开展均是围绕某一个主题进行，将内容上互有联系的材料精选精编成系统性的档案文集或专题史料。

（3）便于阅读、使用。在汇编加工的过程中，档案工作者本着"存真、求实、慎改、标注"的原则，通过对原始档案文件的标点与分段，错字与残缺文字的校正与恢复，行款格式的规范处理以及通过注释、按语、序言、凡例、目录、索引、年表、插图等的撰写与编制，帮助读者更加轻松地阅读和理解相关档案的内容及其价值，提高档案材料的利用价值。

2. 研究档案内容，编写档案参考资料

编写参考资料与编辑档案文集不同。它不是对原始材料的简单整理和汇编，而是档案馆（室）根据一定的题目，对有关档案材料的内容进行研究、综合而加工编写成的系统材料，是一种档案三级文献。常见的档案参考资料有会议简介、统计数字汇集、组织沿革、专题概要、大事记等。

档案参考资料具有以下三方面的特点。

（1）不同于档案汇编材料。不是简单的提供档案原件或副本、摘录信息，而是根据一定的题目，对档案原始材料进行系统的加工编写而成的新作品，改变了原始档案的本来面目，具有主题集中、内容准确、概括性强的特点。

（2）不同于科研专著和论文。档案参考资料主要是综述、概括档案内容，重在反映情况而不是论说，它以综合加工编写的半成品供研究者参考。

（3）不同于检索工具。档案参考资料除了能在一定程度上起到查找、介绍档案原始材料的作用外，更主要的是能为使用者直接提供系统性、针对性强的实际材料。

3. 编辑档案文摘汇编

档案文摘是对原始档案文件的缩写，是以简练的文字对原始档案文件的主要内容进行概述，是一种档案二次文献，具有及时、简便、灵活的特点。档案文摘汇编可以作为一种检索工具进行编制和使用，可为使用者提供具体的查找线索。

4. 进行历史研究，参加编史修志

档案部门作为档案保管的基地，可充分利用自身的优势开展历史研究和编史修志的工作。

二、开展档案编研工作的条件

1. 编研的内容要以机构所藏资料为基础

开展档案编研工作，要注意积极发挥馆藏优势，挖掘现有资料的潜在价值，将不同时期、不同内容、不同类型的档案资料根据不同的用途编研成册，提高文献的利用价值。

2. 编研的内容与时俱进

档案编研的内容要适应社会发展的需求，及时进行补充、完善。社会需求具有多层次的特点，档案编研工作的内容既要满足当下社会发展的需要，又要考虑到潜在的长远需要,还要考虑到社会多元化的档案信息需求。

3. 集合一定的编研力量

开展档案编研工作,需要集合各个学科领域的研究力量。档案机构在充分发挥自身研究力量的同时,还需要积极吸收和组织其他单位的研究人员加入到编研工作的行列中来,有效利用各方人力资源,及时编研出各类高质量的档案文献成果。

三、开展档案编研工作的要求

开展档案编研是一项严肃认真的工作,要求编研者具有高度的社会责任感和实事求是的科学态度。无论是内部使用发行的参考资料,还是公开出版的档案文献汇编,都必须具备真实、准确、高效的文献特点和较高的利用价值。

1. 高度的社会责任感

档案编研不是对档案原件的简单整理,而是档案机构根据一定的题目,对有关档案材料的内容进行研究、综合而加工编写成的系统材料,必然带有编研者一定的思想倾向。这就要求编研者必须具有高度的社会责任感,始终将辩证唯物主义和历史唯物主义的思想贯穿于档案编研工作的各个环节中,本着对历史负责、对社会负责的态度,力求使编研成果符合历史的本来面貌。

2. 实事求是的科学态度

档案编研成果一定要能真实、客观地反映社会历史的本来面貌,经得起时间的考验。内容不真实的档案文献资料如果被研究者加以利用和参考,必然会造成以讹传讹的后果。因此档案编研工作者必须以实事求是的科学态度开展档案编研工作,在选题、选材乃至加工、编写的每一个环节,都必须做到核实考证、去伪存真,力求准确、客观地反映历史事实。

3. 编研成果内容充实

编研成果内容的丰富性决定了文献资料最终的利用率和潜在的利用价值。材料充实、内容丰富、体例完整的编研成果,必然会受到使用者的欢迎,这就要求编研者力争做到能够围绕一个主题,将相关的档案材料收集齐全,整理编辑出相对完整的材料链,能客观反映出事物发生、发展、变化、终结的全过程。

4. 编研成果体例系统

编研成果要自成体系,内容上做到前后联系,条理清晰,合乎逻辑;编排上要科学选题,划分章节,结构完整。

四、开展档案编研工作的意义

1. 有利于提高档案文献资料的利用价值

档案编研工作是主动、系统、广泛地提高档案利用率的有效方式。档案编研工作者通过对原始文献资料进行搜集、整理、加工,并按照一定的科学研究方法进行编排、撰写、出版的编研成果,具有信息集中、体例完整的特点,大大节省了利用者查找、整理档案的时间与精力,便于档案信息的广泛传播和高效利用,充分实现档案信息资源共享。

2. 有利于提高档案机构的工作水平

档案编研工作的开展,既是对档案机构开展原始资料搜集、整理等基础工作提出新的要求,又能及时发现和检验基础工作开展的情况。档案编研工作对档案工作人员提出了更高的业务要求,可促进档案工作人员业务水平和综合素质的提高;同时档案编研工作向社会各界提供了内容丰富、系统的档案编研成果,一方面提高了档案机构的工作水平,另一方面也扩大了档案工作的社会影响力,赢得了社会各方面对档案工作的认可与重视。

3. 有利于保护档案原件

通过档案编研工作,将原始文献资料整理、编研成册,通过内部发行或公开出版的形式为使用者提供便利的服务,减少了对原始资料的反复查找和使用,可以有效避免档案原件的损坏和流失,有利于保护档案原件。

4. 促进档案事业的发展

档案编研工作是档案机构积极主动地开发档案信息资源、开展档案利用服务的重要方式,为使用者提供了便利、高效的服务,较好地体现了档案工作的价值,扩大了档案工作的社会影响力,同时也得到了社会各方的认可与支持,有利于进一步促进档案事业的发展。

第二节 常见的档案编研成果类型

一、档案文件汇编

根据汇编内容的不同,档案文件汇编分为档案史料汇编和现行档案文件汇编。对新中国成立之前形成的历史档案进行编研,称为档案史料汇编;对新中国成立之后的档案文献进行编研,称为现行档案文件汇编。

(一)档案文件汇编的要求与流程

1. 档案文件汇编的要求

(1)选材全面

凡选题范围内的重要原始材料均不得缺失、遗漏。

(2)材料原始

档案文件汇编中的文献资料必须是原文实录,与原始材料保持一致,不能来源于转载或其他编写。

(3)收录完整

收入汇编的档案文件应该保持原貌,完整收录。有发文机关的名称和发文日期、生效日期的,也需一一标明。

(4)注意时效性

收入现行文件汇编的文件应现行有效,对于失效或已经废止的文件一般不再收录原文,但可将其目录附后以供参考。

2. 档案文件汇编的一般流程

确定汇编题目—划出选编范围—全面查找相关档案—按照规定体例统一格式—分类编排—严格审核—出版或内部印发。

（二）常见现行档案文件汇编的种类

1. 法规文件汇编

法规文件是指由国家权力机关或部门制发的具有强制法律效力的规范类文件,如各类法律、法规等。法规文件汇编一般由制发法规文件的机关进行汇编、印发出版,非制发机关不得随意编辑出版。

法规文件汇编可分为综合性汇编和专题性汇编,前者是将某一国家权力机关制发的各种法规类文件加以汇编,如《中华人民共和国法规汇编》;后者是将某一专业领域的法规文件加以汇集,如《中国人民解放军军事规章汇编》等。

法规文件汇编要有明确的时间段,以便于查找。通常在进行法规文件汇编时,先按文件内容进行分类,然后再按发布的时间顺序排列。

法规文件汇编具有资料性、准确性和权威性的特点。选材收录时,要注意考证文件是否是按照法定程序正式制发、颁布的法律、法规,非规范性文件或已失效的法规类文件均不得收录其中。

2. 重要文件汇编

重要文件是指有关大政方针方面的规定性、指导性文件,将这些文件汇编成册即为重要文件汇编,如《十八届三中全会重要文件汇编》、《教育部 2000 年重要文件汇编》等。它的收录范围既可以是来源于上级机关的文件,也可以是本机关形成的文件。汇编后的文件集可供本机关使用,也可以印发给下级机关,供查阅执行。

编辑重要文件汇编,首先要根据编辑意图划定好收录范围,在综合考虑文件内容的重要性和查阅利用的经常性的基础上,拟定一个明确、具体的选材方案,以避免实际选材中的盲目性。

重要文件汇编的内容具有综合性的特点,因此编辑时需要先分类后按发文时间顺序排列。在编辑本机关的重要文件汇编时,可直接利用原有的重份文件汇集成册后使用。

3. 发文汇编

发文汇编是指将本机关制发的文件定期编辑成册,即为发文汇编。一个机关制发的文件由于内容的不同、保管期限的差异,在立卷归档后往往分散在不同的卷宗里。发文汇编可将本机关一定期限内的所有发文集中成册,便于按发文字号顺序查阅。

发文汇编一般仅供本机关内部使用,有些文件在形成汇编时仍在保密期限内或不宜公开,因此必须注意加强对发文汇编的管理,需定期对发文汇编的内容加以审查鉴定,不带机密性(或已解密)的文件汇编才可公开提供利用。

4. 会议文件汇编

将会议产生的具有一定参考价值的文件汇编成册,即为会议文件汇编。每个机构在工作活动中都会召开各种会议,会议文件汇编要选取在社会或机关活动中产生重要影响或作用的会议文件编辑成册。

会议文件汇编并不需要将一次会议的所有文件全部收录,而是选取能够反映会议基本情况、具有查阅价值的文件进行汇编。如会议通知、代表名单、会议议程、工作报告、大会重要发言、领导重要讲话、提案、选举结果、会议通过的决议、会议纪要、公报以及会议简报等。对于一般的贺信、贺电、小组讨论记录等会务文件则不需收录。学术会议通常会将大会宣读的重要论文或论文的内容摘要收录进来。

5. 公报、政报

党和政府的领导机关定期将重要文件编辑成册公开发行,常采用公报和政报的形式。如国务院定期出版《国务院公报》,公布有关文件;国家教育委员会从 1989 年起定期刊印《国家教育委员会政报》,内容包括中共中央、国务院关于教育工作的重要指导性文件,国家教育委员会发布的重要行政法规、规章制度和文件,以及中央领导人和国家教委领导的重要讲话等。

公报、政报一般选取党政机关有关方针政策的规定性、领导指导性文件汇编成集,以正式下发的文件为主。在选取领导讲话时要确保内容的准确无误。

6. 其他专题文件汇编

除上述常见的汇编文件类型外,档案机关还可以根据馆藏的实际和查阅需要编辑其他类型的专题文件汇编。较为常见的专题文件汇编有规章制度汇编,如《财务制度汇编》;工作规范汇编,如《验收标准汇编》、《工艺规程汇编》;调查研究文件汇编,如《地质调查报告汇编》;学术文件汇编,如《全国第一届秘书学年会学术论文集》;范例类文件汇编,如《景观元素图集》;专门业务文件汇编,如《桥梁建筑工程资料汇编》;成果资料汇编,如《中国社会科学院科研成果汇编》等。

专题文件汇编可根据内容特点或时间顺序进行编排。专题文件汇编在选材上要注意以下两点:一是选材要专,不要将其他内容或类型的文件混杂其中。二是选材要精,选编的规章、制度、规范必须是正式下发的、现实有效的文件;选编的调查研究报告、学术成果、范例等,需具有较高的参考价值和学术价值。

二、档案文摘汇编

档案文摘汇编是将编写好的若干文摘资料按照一定的体例编辑成册,以内部印发或公开出版的形式为查阅者提供利用的一种编研成果。

(一) 档案文摘汇编的特点

1. 篇幅短小

文摘字数一般在 200~400 字,是对原文内容的精确概括。

2. 信息量大

文摘要求言简意赅地集中揭示出文献资料所反映的主要内容,信息密度高、容量大,利用者可在短时间内获得大量信息。

3. 忠实于原始资料

文摘必须是对原始资料主要内容的准确概括。

4. 引导利用

简明扼要的文摘方便使用者了解原文的主要内容,引导使用者查找选择自己需要的原始档案。

5. 快速灵活

文摘的出版形式灵活多样,可汇集成册,也可以在刊物上刊载,能及时反映各种文件中的最新信息。

（二）档案文摘的编写

国家标准局于 1986 年颁发了《文摘编写规则》(GB 6447—1986),对文摘编写作出规定:以提供文摘主要内容为目的,不加评论和补充说明,简明、确切地记述文献的重要内容。

1. 撰写文摘的方法与步骤

档案文摘撰写工作,既可以由原文作者自行撰写,也可以由档案机关工作人员撰写。作者自行撰写,对原文内容和要义的把握较为准确,但有时对文摘的写法并不熟悉;档案机关工作人员虽熟知文摘的写作规范,但对于原文主要内容及其要义的把握和表述,也需费力推敲。最好的做法是由档案编辑人员提出撰写要求,由作者自行编撰。

撰写档案文摘大体有以下步骤。

(1)精读原文,熟悉内容,对文献有充分的理解和认识。

(2)准确把握文献的主要内容,摘录要点。

(3)客观表述文献的重要内容,撰写义摘。

(4)审核修改。

2. 编写档案文摘汇编

当档案文摘作为著录条目的一个项目时(内容摘要),可直接撰写正文;独立使用的档案文摘要求有统一的格式,一般由以下项目构成。

(1)文摘号,是文摘汇编过程中的顺序号,表示汇编排列顺序,以便于检索。

(2)文摘题名,即该文摘的标题,概括摘录文件的主要内容,也可使用原文件标题。

(3)原文作者,即档案原件的作者。

(4)原文出处,即档案原文的存址,可填写档案机构名称及档案号。

(5)文摘员,即编写档案文摘的人员,填写该项表示文摘员应负责任。

(6)正文,即对档案文件原文内容的概述。撰写正文时,首先要忠实于原文,客观、如实地表述原文的主要内容,避免带有偏见或加入编写者的主观意见;摘要的内容独立成段,全面、完整、准确地概括原文的重要信息,不能遗漏文件的重要内容和观点;文字简洁、准确,要求使用规范的书面语和专业术语,文摘中一般不出现图标、公式、方程式等,篇幅在 200～400 字。

3. 常见的档案文摘形式

(1)学术论文文摘汇编

如高校将保存归档的博士研究生和硕士研究生的学位论文的全部或部分学术参考价值较高的文摘汇编成册,供其他研究者查阅。

(2)科技成果文摘汇编

科技成果文摘汇编是开展科技信息交流、宣传,推广科技研究成果的有效方式,各科研机构、企业单位、大中专院校都可以将所收集的科技成果文摘汇集成册以供查阅。例如中国航天工业总公司档案馆编印过两册《成果汇编》,整理选编了公司各系统 1000 多项科技成果文摘。

(3)专题档案文摘汇编

根据社会有关方面的需求,选择某一领域方面的问题编写档案文摘汇编公布使用。

例如福建省档案馆编印的《档案资料摘编》，结合社会发展形势定期发表专题档案文献汇编；结合全国开展的救助失学儿童的"希望工程"，选编了民国时期有关兴学、办学的档案文摘；结合股份制的兴起，选编了民国初期创办股份制企业的档案文摘，由于选材时效性强，编写精练、及时，汇编成果很受欢迎。

三、档案参考资料的编写

档案参考资料是指根据档案内容综合编写而成的书面材料，属于输出档案情报的三次文献，是传递档案信息，提供利用的一种重要方式。

常见的档案参考资料主要有大事记、组织沿革的编写、统计数字汇集和专题概要。

（一）大事记

大事记是用简明扼要的文字将一定历史时期发生的重大事件按照时间顺序记录下来，揭示事件发生、发展的过程及相互间的联系。

1. 大事记的作用和种类

大事记系统扼要地记录某一历史事件的发展轨迹，对于实际工作和历史研究都具有重要的参考价值：它有助于机关领导和业务人员回顾以往工作，查核事实经过，总结经验教训，补充档案史料汇编。历史著作和地方志的不足，为历史研究人员和史志编修人员提供可靠系统的参考素材，还是对群众进行宣传教育的生动材料。

目前我国档案机构编写的大事记，主要有以下几种。

（1）机关工作大事记

记载一个机关一定时期内的重要活动。例如《北京市人民政府大事记》、《中共广州市委大事记》。

（2）国家或地区大事记

记载全国或一个地区一定时期内的重要活动。例如《中华人民共和国大事记》、《内蒙古自治区大事记》。

（3）个人生平大事记

个人生平大事记是对某些著名历史人物的生平事迹和重大活动的记载，也称年谱。例如《毛泽东生平大事记》、《周恩来生平活动》等。

（4）专题大事记

专题大事记是按照一定专题对国家、地区或某一机关在一定时期内某方面的重要活动加以记载。例如《中华人民共和国外交大事记》、《呼和浩特市 2000—2012 年行政区划大事记》等。

2. 大事记的体例

纵观古今大事记的编写体例，主要有以下几种。

（1）编年体

编年体是按时间顺序编写大事记的一种常见体例。具体形式有的是先分出历史阶段，然后再于每一个阶段按年、月、日的顺序编排；有的是直接按大事发生的时间顺序编排。例如《党的建设七十年纪事》，将党建的七十年历程分为新民主主义革命时期、社会主义革命时期（上）和社会主义革命时期（下）三个历史阶段，每个阶段再按年、月、日排列。

（2）分类编年体

分类编年体是将先将综合事件分为若干类,在各自类别中按时间顺序进行编写。例如《中华人民共和国大事记》,编者首先将新中国成立后的大事件分为政治、财经、外交、军事、文化教育五大类,各类中再分出若干子类别,之后按照年、月、日编排系事。

（3）纪事体

纪事体是以记录事实本末为主的一种体裁。该体例往往将重要历史事件独立成篇,篇内按时间顺序记录事件。

（4）编年纪事结合体

编年纪事结合体是将编年体与纪事体结合使用的一种体裁。总体上按时间顺序编写,重要史实要始末完整。

（5）纪传体

纪传体是以人物传记为核心的一种体裁。《史记》是纪传休史书的代表,以人物传记为纲,兼以排比历史大事件。

以上体例是大致的分类,近年来的大事记编写体例趋于综合化,多以时间为经,事件为纬,有记有述,综述分述结合,加以图表,附有参考书目、各类索引,更便于使用者查阅。

3. 大事记的选材

编写大事记,首先要确定大事的选择标准及其范围。选择确属重大事件的材料,如关系到全局性的事件、重要的活动、典型事件以及产生过重要影响的事件,大事要事必选,小事琐事不取,避免事无巨细罗列材料,防止断章取义片面反映事实。

一般而言,涉及以下方面的事件和活动可作为大事件加以记述。

（1）关于路线、方针、政策、法令、规章制度的制定、贯彻执行和实施情况。

（2）有关重要会议、重大活动、完成的重大任务、取得的重大成果。

（3）上级机关的重要指示、批示、表彰、批评以及对本机关检查指导工作的情况。

（4）有关体制变革、机构设立、撤销、合并及其他变化情况,重要领导人员的任免。

（5）本机关向下级机关进行的调查、检查、指导工作的情况。

（6）新闻媒体发表的关于本机关情况的重要新闻和报道。

（7）重大外事、外贸活动。

（8）本机关所辖范围内发生的重大灾情和事故情况。

（9）企业单位还应考虑重要的生产经营情况、技术改造、科研成果、主要的基建项目以及关系到的重大安全生产问题。

（10）其他重大事件和重要情况。

4. 大事记的内容结构和编写方式

大事记的内容结构主要由以下要素构成:封面、序言（或前言）、目录、正文、按语、注释、附录等,并按一定的顺序将其编辑成文。

大事记作为一种特定的档案文献,编写方式如下。

（1）封面

封面由题名、纪事年限、编制单位或编制人、编制日期等事项构成。

题名即大事记的标题,概括反映大事记的主要内容;纪事年限要交代清楚大事记涉及的上下年限,可以直接列入标题里,例如《上海市 1990—2006 年行政区划大事记》,也可附于标题之下,如《中共陕西省委大事记》(1949—2012 年)。

（2）序言

序言也称前言,是对大事记编写情况的总说明,包括:大事记的编写目的、阅读对象、大事记的时间断限、选材标准、编排体例、材料来源、档案的史料价值等。

（3）目录

目录也称目次,提供读者查找大事记条目的线索。编写大事记目录,应根据大事记的编写体例进行排序:编年体大事记可按历史时期或年代顺序列出大事记条目所在的页次,分类编年体则按所分类别列出大事记条目所在的页次。

（4）正文

正文包括两部分。

第一部分:大事时间。大事时间力求准确。要求对每件大事都写明年月日,有的还需要精确到时分秒。如果遇到档案中没有注明准确时间或时间反映不准确的事件,要着手进行考证;经考证不清的资料,则需待查补充,不加录入。另外对于历史事件的记述除了写清公元纪年外,还要标明朝代名、年号,并按大事发生的时间顺序进行编排;如果是同时发生的大事,可按重要程度排列,也可按照结束日期的先后排列。

第二部分:大事记述。大事记述是大事记的主要组成部分,一般一事一条,不可将几件大事放在一个条目中综述。每个条目都要把事件所涉及的时间、地点、人物、发展过程、因果关系、具体数据等重要因素揭示出来。大事记述一般需要坚持以下原则。

① 材料真实。大事记述的内容要求出自档案材料或其他文献记载,材料真实可靠,文有出处。道听途说或考证不清的事件,宁可不取。

② 简明扼要、详略得当。大事记要以史实叙述清楚为准,一事一条,将事件的原委、来龙去脉讲述清楚即可,要求详略得当,记录全面。

③ 始末完整。大事记述要求将事件发生、发展的过程及其因果关系展现出来,帮助读者了解事实真相,因此要做到"时有顺序,事有始末"。

④ 秉笔直书。大事记述必须本着实事求是的态度,力图还原历史真相,据实记载,秉笔直书。不饰过,不溢美,也不得随意加进编者的主观倾向,做到内容真实、结论客观。

（5）按语与注释

分类编排或按照历史时期编排的大事记,可在每个类别或每个历史时期前加写按语,用于简要介绍这部分内容的分类情况或历史背景,起到综述下文、引导阅读的作用;对于大事记述中涉及的重要历史人物、历史背景、地名、专业名词、行业术语等,则应以注释的形式加以解释说明,以便于读者理解。

（6）附录

属于大事记的辅助材料,附在文后。附录的内容可根据大事记的具体内容以及读者的实际情况而定,常见的附录内容包括:大事主题索引、人名索引、地名索引、参考书目索引、参考图表索引、专业数据索引等。一般机关、企业单位的大事记可不加附录内容。

小实例：大事记

中共××市委19××年12月大事记

12月1日，×××、×××及市政府有关部门负责同志，与部分市属大中型企业的领导人就改革中的问题进行座谈。

12月2日至8日，市委、市政府领导×××、×××、×××、×××、×××等带领市直有关部门负责同志，就贯彻十三大精神、今年经济形势、明年工作安排，分南北两组到13个县区现场办公，调查研究，听取工作中亟待解决的问题。

12月9日，①上午书记办公会，研究召开市委四届五次全会有关事宜。②军分区、团市委联合召开"青年民兵之家"建设表彰大会，×××、×××、×××出席会议，×××同志讲了话。

12月10日至12日，常委扩大会，①听取房改办去京汇报情况，研究房改试行方案。②汇报下乡现场办公情况，研究县区所提问题的解决意见，特别是对资金短缺问题，会议责成人行牵头组织专业银行拿出具体解决办法。

12月9日至24日，省委派工作组来考评市级领导干部，其间先后同市、县、区和部分大中企业等单位70余人座谈，征求意见。

12月12日，市委书记×××同志主持市级领导干部测评投票会议。

（二）组织沿革的编写

组织沿革的编写即组织机构沿革，是系统记载一个机关、地区或专业系统的组织机构设置、人员编制、体制变革等方面情况的档案参考资料。

1. 组织沿革的作用

（1）便于利用者查找和研究某一地区或机关的组织机构演变及人员发展变化情况。

（2）为研究国家机关史、地方史、革命史、专业史提供参考资料。

（3）为收集整理档案材料、鉴定档案价值、了解立档单位情况，编写全宗介绍提供系统素材。

（4）为档案机构编写立档单位历史沿革提供素材。

2. 组织沿革的种类

（1）机关、企事业单位组织沿革。主要记载一个机关、企业、事业单位的体制变革、组织机构设立以及人员编制的演变情况。例如《中共重庆市委组织沿革》。

（2）地区组织沿革。主要记载一定地区（省、市、县等）所属党、政、群的各级组织的机构设置或行政区划的演变情况。如《天津地区直属机关机构演变》。

（3）专业系统组织沿革。主要记载专业系统（如教育系统、公安系统、商业系统）内部所属组织的设置及演变过程。

3. 组织沿革的内容

组织沿革的编写形式可以是文字表述，也可以是图表式，或者图文并用，常见的形式是以文字形式表述组织运行及其人员发展情况，用表格或示意图反映组织的设置及其演变过程。文字、图表交叉使用，以期做到内容全面、结构合理、脉络清晰、便于查阅。

组织沿革的主要内容包括以下几点。

（1）机关、地区或专业系统的历史发展概括、行政区划以及建制变更情况。

（2）组织机构的性质、任务、职权范围及其隶属关系。

（3）机关内部组织机构的设置和人员编制情况。

（4）机关领导人的任免情况。

（5）机关名称的变更、印信的废止和启用、办公地点的迁移等。

4. 组织沿革的编写体例

（1）编年法

按年度先后顺序，逐年编排某一机关、地区或专业系统的组织情况。

编年法编写组织沿革有两种形式：其一是年度——问题法。即以年度为主线，将内容分出若干个问题介绍，分别介绍组织机构的设置情况、职权范围变化情况以及人员变动情况等，这种编排方法比较适用于变化情况不大、问题较少的机构组织沿革的编写；其二是问题——年度法。即先将涉及的问题归类，然后在每一问题内按年度顺序逐一介绍，这种编排方法适用于组织机构内部结构复杂、变化频繁的情况。

（2）系列法

以组织机构为线索，按机构内部的实际情况分别记述其各方面的沿革情况。这种编排方法可以从机关体制、职能任务、隶属关系、人员编制、领导任免等各个方面，分述机构各个方面的发展变化情况，能较系统地揭示出机构内部各方面的发展脉络。此方法适用于组织机构内部相对稳定、变化不大的机关的组织沿革的编写。

（3）阶段法

根据机关（地区、专业系统）的自身发展变化的特点，将其发展过程分为若干历史阶段，在每一个阶段内，分别记述机构内各方面的发展变化情况。采用这种编写方法的关键在于合理划分机关（地区、专业系统）的历史发展阶段，使之能够科学合理地反映出该组织的历史沿革及其发展特点。由于阶段法的时间阶段性强，避免了按年度记述的某些重复和按系列记述的整体感欠缺的不足，使得各个方面的情况反映相对集中，便于读者清晰了解机关（地区、专业系统）各个重要发展阶段的组织情况。

小实例：组织沿革

北京市测绘设计研究院组织沿革

北京市测绘设计研究院始建于 1955 年 4 月，它的历史可以追溯到北平解放初期。

1949 年 1 月 31 日，北平和平解放，北京市军事管制委员会和人民政府对旧地政局进行接管，成立了地政局测量队。

1952 年 5 月，地政局与市清理公、逆产管理局合并成立北京市房地产管理局（简称房管局），遂更名为房管局测量队。

1953 年 12 月，北京市建筑事务管理局（简称建管局）成立，房管局测量队划归建管局管辖。

为适应首都规划建设的快速发展，1955 年 2 月，北京市人民委员会第一次会议决定撤销建管局，成立北京市城市规划管理局。

1955 年 4 月，北京市城市规划管理局决定，将勘测单位的力量集中统一管理，原建管局的测量队、工程地质勘测所和建筑设计院的勘测室，三个单位合并成立北京市地质地形勘测处。

1979 年 5 月,根据北京市城市规划建设的需要,为加强勘察与测绘专业化管理,北京市地质地形勘测处分成北京市测绘处和北京市勘察处两个单位。

1987 年 5 月,经北京市机构编制委员会批准,北京市测绘处更名为北京市测绘院。

1994 年 4 月,为加强北京市的测绘工作,更好地为首都城市规划建设和管理提供科学的基础资料和有效的服务,北京市人民政府决定:将北京市测绘院更名为北京市测绘设计研究院;相当于副局级事业单位,隶属于北京市城市规划管理局。

从 2000 年 1 月起,北京市测绘设计研究院隶属北京市规划委员会;从 2004 年 2 月,中共北京市测绘设计研究院委员会隶属于中共北京市规划委员会党组代管。

(三)统计数字汇集

统计数字汇集又称为基础数字汇集,是以数字的形式反映某一地区或某方面基本情况的参考资料。编写数字汇集的目的在于将档案中分散记述各方面的数据按一定的专题汇集成系统的材料,以便于集中使用。

1. 统计数字汇集的用途

统计数字汇集具有数据系统集中、内容简明扼要、形式灵活多样的特点,能满足利用者多方面的需求:能为领导及工作人员了解情况、研究问题、总结经验提供系统的数据,作为制订计划、指导工作的重要参考依据;可以为宣传教育活动提供典型材料;可以作为一种史学材料,供史学工作者进行历史研究。

2. 统计数字汇集的种类

统计数字汇集可按内容分为综合性统计数字汇集和专题性统计数字汇集两种。

综合性统计数字汇集是全面、系统地记载和反映某一地区或某系统整体情况的数字汇集,其涉及内容范围广、篇幅也较长。例如《广州市基础数字汇集》,其内容包括地理位置、土地面积、气候条件、人口、行政区划、文教卫生、工农业生产、商业发展等各项内容。

专题性统计数字汇集则是系统记载和反映某一方面或专题的基本情况的统计数字汇集。专题性统计数字汇集的范围可大可小,应根据利用者不同的需求和目的,确定专题的范围和内容。例如《昆明市中小学教育基础数字汇集》、《和林格尔县人口耕地基础数字汇集》。

3. 统计数字汇集的编写要求

(1)选题要典型

统计数字汇集的选题要具有代表性和概括性,编写者要通过对有关专题的内容和使用者的需求做认真的调查和分析,选择那些能反映编写目的的统计指标。制定科学选题要注意以下两点:首先是汇集的年限要具有代表性。不同的专题对数据的相关年限有不同的要求,有的要求尽可能时间长远些,能反映出事件发展变化的过程;有的则要求具有代表性的一段时间的数据,编写者要根据不同的使用目的合理选择有关数据的年限;其次是汇集的数字指标体系具有代表性,应选择那些能揭示该专题实质的有价值的指标体系。

(2)数据要准确

汇集中选用的数字材料要力求准确无误,所选数据要以来自权威部门正式发布的数字为准。对于尚未经核查的数据或非正规渠道获得的数据不得采录。

（3）格式要清晰

统计数字汇集除了文字表述外，还可结合表格和示意图进行排列。采用表格式时，要注意设计好简明合理的样式，内容完整，条目清晰；使用示意图时要注意图形的简洁准确、规范美观，示意性强。

（四）专题概要

专题概要是用文章叙述的形式简要介绍和反映某一方面的工作、生产或其他各类现象发生、发展、变化情况的一种参考资料。常见的专题概要有会议简介、产品简介、工程项目简介、科研项目简介、地区综合情况概要等，它主要是向使用者集中提供某方面系统的专题历史材料。

专题概要的"专题"具有相对性，是相对于馆藏和全宗而言的，例如《内蒙古自治区概要》，内容既有地理、气候等自然条件方面的内容，也涉及人口、民族、政治、经济等社会方面的内容，属于综合性概要，但相对于馆藏资料和全宗内容则是专题性的。

1．专题概要的特点

（1）主题鲜明，内容单一

专题概要就是根据使用者某方面的需求编写的专门材料，因此要求主题明确，内容单一。

（2）材料系统，重点突出

专题概要所提供的材料要能系统反映某一方面的基本情况，编写时要力求将有关专题内容的重要过程叙述清楚，做到概其全貌、领其要点。

（3）取材灵活，方便使用

专题概要涉及的内容灵活多样，历史问题、现实问题、社会问题、自然现象、生产问题、技术问题等均可介绍；可以综述某一地区或领域的情况，也可以简介某一事件；篇幅可长可短，形式图文并茂；成果可以公开出版，也可以内部使用。

2．专题概要的编写

（1）选题

选题是编写专题概要的首要环节，专题概要的选题要根据馆藏中有关该选题的实际档案情况以及社会需求而定，选取材料占有充分又切合实际的专题内容进行编写。

（2）选材

选材是从题目涉及的各个全宗中挑选出能够反映专题本质的档案材料。注意掌握好选材尺度，比较性地评定每份档案材料在该专题中的地位和作用，恰当地选择那些最能反映和说明该专题的档案材料。

（3）综合编写

专题概要不是原始材料的简单罗列和拼凑，而是要根据一定的题目和编写要求，对挑选出来的材料进行分析综合，编写出文字简洁、内容集中、详略得当、重点突出并具一定体例的专题概要材料。

第三节　档案编研成果的整理

档案编研工作的最终目的,就是将编研成果以图书文献的方式在一定范围内传播或向全社会公开发行,使编研成果迅速发挥文献参考价值。送交出版部门或印发部门的编研成果书稿,必须达到"齐、清、定"的质量要求。"齐"是指书稿的内容和有关部门对公开出版部分档案材料的审批手续要齐全;"清"是指书稿字迹清晰,图表罗列整齐,体例格式前后一致,便于之后的排版、校对、制版、印刷工作的顺利进行;"定"是指送交的书稿在内容和格式上都已最后定稿,不能有遗留问题,避免在后期核对清样时有重大删减或改动。

为了达到"齐、清、定"的要求,编者在发稿前应做好以下方面的工作。

一、审定书稿内容及辅助材料

(一)审定书稿内容

对档案编研成果内容的审核,应重点放在审核档案史料的选材、考订、加工、归类等环节的规范性上,避免档案资料的重复使用,妥善解决存疑待考的问题,全书使用统一的加工符号,克服档案史料归类不准确的现象,正文杜绝错漏和模糊现象。

(二)审核编研成果的辅助材料

档案编研成果中常见的辅助材料有查考性材料、评述性材料和检索性材料三种,对辅助材料的审核应重点针对以上三方面。

1. 查考性材料

查考性材料是编者为了方便读者使用而编写的辅助性材料,主要包括年表、插图、备考、凡例等。

(1)年表

年表是依据时间顺序反映一定情况变化的表册,以便于读者从纵的方面了解事件之间的联系,更好地认识档案史料的价值。年表既可以作为查考性材料附在正文之后,又可以作为专门的参考资料独立成篇,即成为大事记。

(2)插图

插图是编者根据档案资料在汇编过程中附上的各种照片、图片、表格等,以增加读者对档案原始资料内容的认识理解和真实感。档案史料汇编中往往附有多种插图,如重要文件的复制品,与历史事件有关的人物、遗址、文物的照片、图片、地图、示意图以及各式统计图表等,它们附于正文前或正文后,或有针对性地安插于相应的位置上。

(3)备考

备考是编者对档案史料的出处、外形特征、可靠性与完整程度而编写的说明性文字,既能起到查找作用又能起参考作用。备考内容主要有:档案资料的出处,要求写明档案史料选自何处、原件保存在何处以及档号;档案史料的可靠度与完整度;档案史料的外形特征以及出版情况。

（4）凡例

凡例又被称为编者的话、编辑说明、编辑例言、出版说明等，是编者向读者介绍档案编研成果中档案史料的状况以及编者进行编辑加工的情况。编写凡例时，首先要做到所编凡例内容与编研成果的实际情况相符合，特别是文中各种加工符号的使用说明必须与正文的具体使用情况相一致；其次凡例编写要简明扼要，条理清晰，一目了然，通俗易懂。

2. 评述性材料

档案编研成果中的评述性材料主要有注释、按语和序言，是对档案材料所做的评述，其作用在于指导读者阅读、分析档案材料，以便于使用者更好地发现和利用档案的史料价值。一般而言，评述材料的评述对象和范围是比较确定的。

（1）注释

注释是针对档案材料中某些特定的名目（字、词、语汇等）所作的评述，按其所注释对象的情况分为内容注释和文字注释。内容注释是对档案材料中难以被读者理解的某些内容所作的揭示性文字；文字注释则是指编者对于档案材料的加工和外形处理等情况的文字说明。

编写注释时要在详细占有客观材料的基础上，客观评述历史人物、历史事件以及历史现象，做到言之有理、持之有据，注文力求简明确切。对于注释对象的选择、注文的详略及其深广度的把握，则应根据读者的水平和需要以及材料内容的难易程度来确定。

（2）按语

按语是编者对一篇或一组档案材料所作的介绍、评述或说明。按语的内容较为宽泛，编者应根据档案资料的特点，决定按语的写作重点。

编写按语时，编者要准确评述档案文献的价值，明确表达编者的思想观点，指出阅读和使用档案材料时应注意的主要问题，做到重点突出、文字简练。

（3）序言

序言又称为序、引言、前言等，置于一书的正文之前，是编者向读者所作的评述和说明，以方便读者阅读汇编。

编写序言时，编者要整体把握汇编内的史料内容，将介绍汇编题目和评述文献材料结合起来；要忠于历史原貌，内容充实，言之有物，具有一定的学术水平。对于读者熟知的题目或方针政策性文件的汇编，可以不写序言；对于编者感到编写吃力或难以整体把握的汇编材料，也可选用权威人士的相关论文作为序言。

3. 检索性材料

检索性材料是编者为了方便读者查找所需材料而编写的辅助材料，包括汇编目录和各种索引。

（1）汇编目录

汇编目录按汇编的编排体例和档案史料的排列顺序，列出标题并注明其内容所在汇编中的准确页次，常位于序言、图例之后，正文之前。汇编目录是所有汇编的必备内容，读者可以通过汇编目录综览汇编中收录的档案材料的概况，迅速查找自己所需的材料。

常见汇编目录有简要目录和详细目录两种类型。简要汇编目录一般只列汇编的类、目或章、节名称及所在页次，不详细标列每份文件的标题；详细汇编目录则要将汇编内的每一份档案史料的标题及其页次列出。

（2）各种索引

索引是将书籍中的内容要项或重要名词逐一摘出，依次排列，标明页次以方便读者检索使用的辅助材料。

档案编研成果中所附的检索材料，通常是将汇编所录的档案史料中出现的主题、人名、地名、词语、书名、篇名、事件以及其他事物名目，经过分析后摘出标题注明其出处或页次，然后按一定方式（或按字序、或按分类）进行编排，以便读者检索使用。

编制索引时，应以能迅速、准确地查到所需材料为出发点，充分考虑编研目的和读者情况，做到名目设置合理恰当，介绍简明准确，所注页次不误不漏。

二、装帧设计

档案编研成果的出版工作主要由出版社或印刷厂完成，编者在送交书稿前，应对书稿版式的技术设计和封面、扉页、装订形式等事项提出自己的基本要求。尤其是对于公开出版和大量发行的档案编研成果，编者更要注意其出版质量。以上情况要求编者必须具备一定的出版及印刷业务的相关知识。

1. 装帧设计的原则

进行装帧设计，就是要让读者能从书籍的外表形态感知书里的大体情况，给读者以直观的宣传和引导，增加编研成果对读者的吸引力，扩大编研成果的社会影响。档案编研成果的装帧设计应遵循以下原则。

（1）根据档案编研成果的题目和内容要求，坚持实用、经济、美观的原则。

（2）能体现编研成果的思想性和科学性，体现出书籍内容在体例结构、层次等方面的系统性、完整性和统一性。

（3）在紧密结合编研成果内容的基础上力求创新，避免千篇一律、毫无特色。

（4）尽可能地利用先进的技术和设备，节省人力、财力，缩短出版周期。

2. 档案编研成果的版式设计

（1）开本

确定出版书籍的开本是档案编研成果版式设计的第一项工作。书籍的幅面大小即开本，开本大小是以印刷纸的全张为计算单位，每张纸切成多少小张即为多少开本。

一般出版档案编研成果多采用32开本，外观大方，使用方便。但在出版一些基础数字集或具有现行效用的档案文件汇编时，常使用大64开本，便于携带。

（2）装订形式

装订有平装和精装之分。用普通封面纸做出的软封面的书为平装，用厚纸版或塑料作封面的书为精装。平装本成本较低，但在美观度和耐用性上不如精装本。设计装订形式时，既要考虑书籍的价值和使用频率，又要兼顾经济原则。

（3）版式

版式是指书籍正文的全部格式，包括标题和正文的字号、字体、版心尺寸、排法以及上述部分的配合等。档案编研成果的版式设计是在确定的开本上，把全书定稿的体例、结构、层次、图表等做科学和艺术的处理，使其内部每一页的结构形式既能与本书的开本、装订、封面等外部形式相一致，又能方便读者使用。

三、校对

校对是档案编研成果出版过程中确保出版质量的重要环节，目的在于尽可能地将存在的错误和遗漏查找出来最终加以修正。

1. 校对程序

校样打印出来后，一般由印刷厂的校对人员进行毛校，将明显的打印格式方面的差错改正之后，再交回出版社和编者手中，此后要进行 3 次校对。

（1）初校

初校是指出版社及成果的编者对初校样的第一次校对，主要是对校样中的错体、错字、漏字、多字、坏字以及不规范的图表、方程式等问题的查找和纠正。

（2）二校和三校

在初校后的基础上打出二校样，由出版社及编者进行二校和三校，校对者应从头到尾、从内容到形式认真校对，细致检查。

（3）通读

三校之后，校对者要对校样进行全文通读，若再发现错讹或疑问之处，需进行原稿核对，属于校样差错的，用红笔改正；属于原稿有误的，需由编者解决。通读之后，再进行最后一次的页码及目录的校对。

（4）对红

对红也叫核红，是印刷厂根据三校后的修改意见进行再次改动，并对改动部分进行校对的环节。

2. 校对方法

常见的校对方法有折校、对校和读校。

（1）折校

折校也称比校，是校对者独自进行的校对方法。校对者将原稿铺于桌上，将校样夹于双手的大拇指、食指和中指之间，使校样的字行与原稿的相应字行进行直观比照。校对中要求校对者脑、眼、手三位一体，一目双行，以默读的方式来控制校对速度。

（2）对校

对校又称为点校，是将原稿置于校样的上方或左方，校对者先看原稿，再对照校样，逐字逐句进行的校对。

（3）读校

两人合作校对的方法，一人朗读原文，一人对照看校样。

第四节 档案编研工作的创新

随着网络技术的广泛应用和快速发展，人类获取信息的方式发生了深刻的改变。作为档案信息开发和利用的重要方式——档案编研工作，也应顺应时代的发展，审时度势，抓住机遇，结合网络技术努力探索档案编研工作的新思路、新方法。

一、完善档案编研工作的模式

我国传统的档案编研工作以手工作坊式的管理方式和纸质载体为主,这一模式受利用的时空限制较强、制作周期长、传播速度慢、出版费用高、成果形式单一等因素的制约,已无法适应快速发展的现代信息需求。作为档案信息开发和利用的重要方式,档案编研工作必须在发展模式上有所创新。

1. 采用现代化的管理方式

用现代化的手段将档案编研工作的全过程包括选题、取材、检索、加工、存贮、成果出版、成果推广等环节纳入计算机的统一管理之中,可以大大提高编研工作效率,促进成果的推广使用。

2. 丰富编研成果的表现形式

多媒体技术的使用,可以对档案资料中的文字、声音、图像等各种形式的信息进行统一的存贮和整理,极大地拓展了档案编研工作的领域,可为读者提供内容丰富、全面系统的档案信息资料。

3. 采用全新的传播媒介

网络技术的发展为档案编研成果更好地发挥服务作用提供了多种传播渠道,使档案编研成果的传输效果发生了质的飞跃。网络信息检索不受时空限制方便快捷;网络出版不受篇幅的影响,丰富快捷的链接和可以随意拓展的版面解决了传统编研成果的传播局限;网络发行超越了时空的局限,实现了及时传播,大大提高了编研成果的时效性和利用率。

二、采取灵活多样的组织方式

档案编研工作的开展可采用灵活多样的组织形式,既可以由一个档案机构独立完成,也可以由多个档案机构联合承担。在多层次、多角度、全方位的社会信息服务体系中,档案编研工作的联合性的趋势凸显,常见的联合方式有馆际联合,馆、室联合,档案馆与行业间的联合以及国内外联合。

1. 馆际联合

围绕某一选题,由多个档案机构联合开展编研工作。馆际联合有助于发挥各个档案机构的馆藏优势,有效实现资源共享;同时有效解决了专业人员不足、资金缺乏等实际问题,有助于提高编研成果质量。

2. 馆、室联合

档案机构与机关、企业、事业以及社会团体间的档案编研合作。这种联合将社会各界的信息需求与档案编研工作直接对接,解决了档案信息服务的滞后性与社会需求的时效性,使编研成果充分发挥社会效益和经济效益。

3. 档案馆与行业间的联合

档案机构应加强与社会各有关部门及行业间的广泛联系与合作,特别是与图书馆、博物馆、大中专院校、科研院所、史志单位等的合作,建立强有力的文献资源保障体系,达到历史与现实、编撰与研究的结合,最大限度地整合和利用文献资源进行共同开发;同时推动档案工作真正融入社会活动中去,提升档案工作的社会影响。

4. 国内外联合

不同国家之间联合开展档案编研工作,有利于加强各国档案部门间的国际合作与交流,最大限度地实现档案信息的传播与利用。通过开展国际交流与合作,还有助于将散失在国外的珍贵史料进行重新的收集、整理和完善。

三、全面创新档案编研工作

1. 选题社会化

档案编研工作应面向全社会,服务社会大众,满足社会各方面对档案信息的需求。社会化的选题应紧扣时代脉搏,关注社会热点和焦点问题,同时全面规划、统筹兼顾,内容尽可能涵盖社会领域的各个方面;编研成果应注意适应不同使用者的阅读习惯和阅读水平,少些深邃,多些趣味;少些学究味,多些人文气,以适应日益增长的大众化的信息需求。

2. 成果形式多样化

随着网络技术的发展和使用,档案编研成果的类型日趋多样化。除了传统的纸质版的档案编研成果类型以及影印、图片、相片、声像型外,更加新型的成果形式如缩微品、电子出版物、光盘数据库、网上出版物等日渐增多。它们利用计算机、网络、多媒体等先进的现代信息手段,使档案编研成果形式新颖、图文并茂、形象直观,有效地提高了档案信息的贮存、处理、检索、传输的能力,扩大了信息的利用范围。

3. 传播手段多样化

传统的传播方式是单向传播,而现代化的网络传播方式具有一对一、一对多、多对多的互助性的特点。网络传播档案编研成果,可采取文件下载传递、网上数据库查询、网页浏览、定向网络传递等多种形式,网络传播技术的使用使档案信息的传递量和服务对象大大增加。另外,档案机关还可以通过利用媒体介绍编研成果、印发相关的宣传资料、举办编研成果展等手段对编研成果进行宣传,扩大社会影响。

4. 功能扩展化

信息化时代,档案编研工作的功能不再局限于档案机构开展利用信息服务工作的范畴,其更多的社会功能日益凸显,主要包括贮存史料的功能、资政功能、遴选优秀文化的功能、科学研究的功能以及教育功能等。

5. 编研主体多元化

编研主体的多元化是由以下要素决定的:信息来源的多元化、编研类型的多样化、组织形式的多样化、信息需求的多样化。编研主体打破机构限制进行多角度、多层次、全方位的合作已成为必然,以实现人才资源最大限度的整合。

思 考 题

1. 什么是档案编研工作?档案编研工作有什么意义?
2. 开展档案编研工作有哪些要求?
3. 常见的档案编研成果的类型有哪些?
4. 现行文件汇编的类型有哪些?
5. 档案参考资料的类型有哪些?
6. 简述大事记的体例和编写方法。
7. 简述组织沿革的体例和编写方法。

第九章

档案统计

学习目标

1. 掌握档案登记的范围；
2. 掌握档案统计表设计方式；
3. 了解档案年报制度。

档案统计是根据统计的一般原理与方法，以表册、数字的形式对档案和档案的有关情况进行登记的工作。档案统计工作的范围，涉及档案工作的各个方面，其工作内容既包括档案的收集、移出、整理、鉴定、保管等量化的描述，也包括档案机构与人员、档案构成、档案利用等基本情况与数据的统计。档案统计是档案事业的重要组成部分，在一定程度上揭示了档案与档案工作的现状、规律，为加强档案管理、合理安排档案工作、总结档案工作经验提供了重要的依据。

第一节　档案统计工作中的常见表

一、档案登记表

档案登记是指以表、册、簿等形式对档案的收进、移出以及整理、鉴定、保管、利用等情况进行登记和统计的一种工具。档案登记表反映了档案馆（室）内档案的现状和变化过程。从实质上讲，档案登记表是档案统计工作中对档案工作和档案现象原始资料的一种重要的记录方式。

（一）档案数量与状况的登记

1. 档案室档案数量与状况登记

（1）卷内文件目录、归档文件目录、案卷目录、全引目录

目录是档案整理工作的一种手段、档案检索的一种工具，同时也是档案统计的一种形式。其中卷内文件目录和全引目录登记的是卷内单份文件的信息，案卷目录是登记案卷的簿册，归档文件目录是以件为单位对归档文件的登记。这四种目录是档案信息最基本的记录，是档案统计工作的基础。

（2）总登记簿

总登记簿是组织档案室案卷收进和移出情况及档案数量变化情况的流水登记簿，主要用于组织档案室的档案统计调查。总登记簿格式如表 9-1 所示。

表 9-1　总登记簿

档案目录号	案卷目录名称（组织机构名称）	所属年度	案卷收入			案卷移出（或销毁）				目录中现有数量		备注
			收入日期	目录数量	收入数量	移出日期	移往何处	移出原因和文据	移出数量	卷	米	
1	2	3	4	5	6	7	8	9	10	11	12	13

（3）档案移交（接收）登记簿

档案移交（接收）登记簿是组织档案室登记档案收入和移出的流水登记簿，其格式如表 9-2 所示。

表 9-2　档案移交（接收）登记簿

案卷目录号	案卷目录题名或组织机构名称	所属年度	移交（接收）日期	移交（接收）原因	案卷数量				备注
					小计	其中			
						永久	30 年	20 年	

2. 档案馆档案数量与状况的登记和统计

（1）收进登记簿

收进登记簿是档案馆专门记载档案增长情况的一种档案登记形式。收进登记簿的登记根据是档案室向档案馆递交的"档案移交目录"或其他的接交文据。收进登记簿的登记单位是收进档案的次数，即每次收进档案无论数量如何、全宗所属情况如何，都要登记为一个条目，占一个顺序号，表格格式如表 9-3 所示。

表 9-3　收进登记簿

顺序号	收入日期	移交机关	文据（名称、日期、号数）	全宗（或全宗的一部分）	所属年度	数量		档案状况简单说明	全宗号	备注
						卷	米			
1	2	3	4	5	6	7	8	9	10	11

（2）全宗单

全宗单是档案馆统计全宗情况的最基本的综合性原始记录，具体反映每个全宗档案全面情况。全宗单的登记单位是全宗，其基本内容由全宗情况介绍和档案成分数量统计两部分构成。全宗单格式如表 9-4 所示。

表 9-4　全宗单

全宗名称	全宗起止日期			
全宗初次收进日期	全宗卡片报送情况（档案机关名称和日期）	检索工具及其编制说明	旧全宗号	备注

未整理的编目档案						
登记日期	收　进		移　出		现有数量	
	文据（名称、日期、号数）	数量	文据（名称、日期、号数）	数量	卷	米
		卷	米	卷	米	

已整理的编目档案									
登记日期	收　进				移　出			现存数量	
	目录号	目录名称（机构或类别名）	所属年度	数量	目录号	文据（名称、日期、号数）	数量	卷	米
				卷 米			卷 米		

（3）案卷目录登记簿

案卷目录登记簿是对所有案卷目录进行登记的一种形式，用来统计档案馆和案卷目录较多的档案室中每个全宗内案卷目录的数量，是固定案卷目录顺序号的一种工具。案卷目录登记簿的登记单位是案卷目录的本册，每本（册）案卷目录登记为一个条目，表格格式如表 9-5 所示。

表 9-5　案卷目录登记簿

顺序号	全宗号	目录号	目录名	所属年度	案卷数量	目录页数	目录份数	移出说明	备注
1	2	3	4	5	6	7	8	9	10

（4）全宗卡片

全宗卡片是档案馆向档案行政部门报送馆藏全宗基本情况的一种档案统计工具，通常与"档案成分和数量变化情况报告表"结合使用，卡片格式如表 9-6 所示。

表 9-6　全宗卡片

××档案馆　　字　　　　第　号　　　　　　　　　　　　　　（正面）

全宗名称及全宗名称的起止年月：

立档单位的性质及主要职能：

备注：

全宗初次入馆日期：　年　月　日　填卡日期：　年　月　日

　　　　　　　　　　　　　　　　　　　　　　　　　　　（背面）

档案数量

统计日期	已整理编目档案		未整理编目（米）
	案卷数量	案卷排列长度（米）	
年　月			
年　月			
年　月			
⋮			

（二）档案工作状况登记

1. 人员进出库房登记

人员进出库房登记是库房管理的一种具体手段，通常采用登记本形式。工作人员及其他人员每次进出库房均应在登记本上登记。其格式如表 9-7 所示。

表 9-7　人员进出库房登记

日期	进入时间	人员姓名	进库事由	离开时间	备注

2. 档案出入库登记

档案出入库登记,也是库房管理的一种具体手段,采用登记本形式。其具体的登记格式如表9-8所示。

表9-8 档案出入库登记

日期	出库时间	全宗号	目录号	卷号	登记人	事由	归还时间	经办人	备注

3. 档案清点、检查登记

档案清点、检查登记格式如表9-9所示。

表9-9 档案清点、检查登记表

清点、检查日期	档案所属年度	清点、检查原因	清点、检查情况	处理情况	经办人	备注

4. 档案保管状况检查登记

档案保管状况检查登记是对档案保管条件和档案保管情况的一种记录形式。格式如表9-10所示。

表9-10 档案保管状况检查登记表

			检查人
一季度	档案安全环境检查		检查人
	案卷保管情况		
	温湿度调控措施		
	其他		
二季度	档案安全环境检查		检查人
	案卷保管情况		
	温湿度调控措施		
	其他		
三季度	档案安全环境检查		检查人
	案卷保管情况		
	温湿度调控措施		
	其他		
四季度	档案安全环境检查		检查人
	案卷保管情况		
	温湿度调控措施		
	其他		

5. 档案利用工作的登记与统计

（1）档案利用登记簿

档案利用登记簿是对档案提供利用情况的综合性记录。档案利用登记簿是档案馆（室）记录、掌握档案提供利用工作情况的一种登记形式，也是档案馆（室）和档案利用者履行档案交接手续的一种凭证。格式如表 9-11 所示。

表 9-11　档案利用登记簿

顺号	日期	利用者			利用目的	利用方式	档案		利用者签名	归还	
		姓名	职务	工作单位			档号	数量（卷）		日期	经办人

（2）利用者登记卡

利用者登记卡是档案馆和规模较大的档案室对利用者进行记录、掌握利用者基本情况的一种登记形式。利用者初次到档案馆（室）利用档案时，档案馆（室）要对其信息进行初次登记。格式如表 9-12 所示。

表 9-12　利用者登记卡

姓名：＿＿＿＿＿＿　性别：＿＿＿＿＿＿　　　年龄：＿＿＿＿＿＿　阅览证号：＿＿＿＿＿＿

工作单位：＿＿＿＿＿＿　　　　　　　　　职务：＿＿＿＿＿＿

印鉴或签字：＿＿＿＿＿＿　　　　　　　　填卡日期：＿＿＿＿＿＿

（3）档案借出登记簿

档案借出登记簿是对档案被借出档案馆（室）的情况进行登记的一种形式。格式如表 9-13 所示。

表 9-13　档案借出登记簿

顺序号	借出日期	借阅单位	借阅目的	借出案卷						归还案卷		备注
				数量	全宗号	目录号	案卷号	借阅期限	借出人签字	日期	签字	

（4）借阅单

借阅单是对利用者在阅览室内借阅档案情况进行登记的一种形式，既是利用者申请借阅的申请书，也是利用者与档案馆（室）档案交接的凭证。格式如表 9-14 所示。

表 9-14　借阅单

借出单位		借阅时间	
经办人		归还时间	
借出单位负责人		档案馆(室)经办人	
借出档案内容及卷数			
借阅目的			
借阅单位 主管领导签字		档案馆负责人 签字	

（5）档案复制、摘抄登记

档案复制、摘抄登记是对在利用者档案复制、摘抄情况进行登记的一种形式，既是利用者提出复制、摘抄的申请，也是确认复制、摘抄事实的凭据。格式如表 9-15 所示。

表 9-15　复制、摘抄登记表

编号	利用者			拟复制、摘抄档案		份数	用途	审批		日期	复制摘抄人签名
	姓名	职务	工作单位	文件标题	档号			意见	审批人		

（6）利用效果登记

利用效果登记实质上是档案馆(室)针对档案利用成效结果所进行的跟踪调查。利用效果登记，对于档案馆(室)提高、改进提供利用工作具有重要意义。格式如表 9-16 所示。

表 9-16　利用效果登记表

利用者姓名		利用者部门		利用起止时间	
档案题名1				档号1	
档案题名2				档号2	
⋮				⋮	
利用目的					
利用效果					
备注					

二、档案统计表

档案统计表是档案统计资料的一种表现形式,也是档案统计工作的重要工具。与档案登记表的原始记录性质相比,档案统计表有两个显著的特点:一是汇总性,即统计表是对汇总整理后的系统化、条理化的统计指标的集中记录,体现了说明总体的综合特征;二是数量化,即统计表的主体内容以数量化的总量指标、相对指标与平均指标的形式表现。以档案编研登记表、档案编研成果统计表为例。表格样式如表 9-17、表 9-18 所示。

表 9-17 编研成果登记表

年度	成果名称	成果完成人	完成时间	出版情况	字数	获奖情况	备 注

表 9-18 编研资料统计表

编研资料种类	时 间	数 量	备 注
大事记			
全宗介绍			
专题概要			
基础数据汇编			
其他			

(一)档案统计表的构成

档案统计表一般包括三个组成部分。

第一部分:表题,即表格标题。表题是统计表内容的精练概括,通常置于表格的正上方。

第二部分:表式,即档案统计表的具体格式,包括的内容有横行标目、纵行标目和数字资料构成。其中横行标目是横行的名称,也被称为主词,用以说明总体各组成单位的名称,通常放在横行的左边;纵行标目是纵栏的名称,也被称为宾词,用以说明横标目(主词)各指标的组成内容,通常置表格右边的上端;数字资料具体反映统计表的数字情况,通常置于横行标目与纵行标目的交叉处。

第三部分:表格说明,即表下附注的某些项目指标的理解、填写方法与注意事项等。表格说明不是统计表的必备成分,视具体情况而设置。

(二)档案统计表的种类

按照主词是否分类或分类的程度,档案统计表可以分为以下三种。

1. 简单表

简单表是指主词未经任何分类的统计表,通常主词排列按时间顺序或总体各个单位名称顺排序。简单表反映出来的问题比较简单粗略,如表 9-19 所示。

表 9-19　档案利用情况统计表

年度	利用人次					利用卷次				
	合计	工作查考	红头文件	编研资料	其他	合计	工作查考	红头文件	编研资料	其他

2. 分组表

目前各档案部门使用的统计表主要是分组表。所谓分组表,是指主词按照某一标志进行分组的档案统计表。分组表用来揭示不同档案工作现象的特征,说明现象总体及其各组情况。

3. 复合表

复合表是指按主词按两个或两个以上的标志复合分组的档案统计表。复合表把几个标志结合起来,用于对档案工作现象进行比较复杂的分析、研究。

（三）档案统计表的设计规则

1. 标题简洁明了

统计表的表题要以简明、准确的文字清晰地概括出或揭示出表格资料的主要内容。通常标题中应注明时间、地点。

2. 标目扼要有序

统计表的分组层次与宾词不宜过多,一般分组以 2～3 个标志为宜。标目的内容一般按由小到大的顺序排列,不同时期的资料可按时间的先后顺序排列。

3. 数字编号标识

如果统计表的栏目数量比较多,应该加注编号进行标示。主词与计量单位各栏一般用"甲"、"乙"、"丙"等文字标注,宾词各栏通常用 1、2、3 等阿拉伯数字表示。

4. 明确指标单位

统计表中指标的数量单位要尽量统一。如果不统一,横行的计量单位可以设特定栏,而纵行计量单位可与宾词写在一起,并用小字注明。

5. 规范填写内容

表格填写要整齐规范,不可有漏填项目。相同数字应全部填写,不得用"同上"或其他代码替换,没有数字用"—"表示,暂缺数字用"…"标明。

6. 合理设计表格样式

表格样式可以设计为封闭式或敞开式。目前,各社会档案室设计的统计表样式一般是敞开式,即左右省却边线的"三线图式"。

第二节　档案统计年报

一、档案统计年报的背景与实质

档案统计年报是全国各级各类档案部门在执行《全国档案事业统计年报制度》的过程中产生的档案统计行为。全国档案工作基本情况统计年报制度开始执行于 1983 年。1991 年在《档案工作基本情况统计年报》的基础上，国家档案局制定了《全国档案事业统计年报制度》。经过几次修订，统计报表制度日趋完善，2006 年修订的《全国档案事业统计年报制度》执行至今。

档案统计年报是全国各级各类档案部门按照统一的表式、统一的指标、统一的期限和报送程序，由下而上地反映档案和档案工作情况的一种调查组织行为。目前，《全国档案事业统计年报制度》，已纳入到我国国民经济和社会发展计划的统计中，全国各级各类档案部门必须按照年报制度的要求，依法认真贯彻执行。

依据《全国档案事业统计年报制度》，档案统计年报的内容涉及档案事业的各个方面。从纵向上，我国档案工作的统计年报基本上分为四个层次：一是由国家档案局组织进行、国家统计部门监督指导的全国档案工作基本情况统计；二是由专业主管部门进行的专业系统档案工作基本情况统计；三是由地方档案部门组织进行的地方档案工作基本情况统计；四是由各馆（室）组织进行的档案馆（室）档案工作情况的统计。各级各类档案部门的档案统计年报，需要行政权属机关逐层汇总，逐级报送。从横向上，填报内容既有对档案机构、档案工作人员情况的统计，又有对档案基础设施设备情况、档案工作信息的统计。综此，档案统计年报在性质上应属于档案宏观统计工作的范畴。其基本任务就是国家各级档案管理部门和各级专业主管机关汇集相关单位的档案统计资料，考察档案现象的发展水平，并总结分析其发展规律和发展趋势。

二、档案统计年报表的形式

档案统计年报表，是指各级档案管理机关和档案馆（室），根据一定的原始记录和统计资料，每年向上级机关反映档案和档案工作情况的一种专业报表。《全国档案事业统计年报制度》的档案统计年报表有两种形式：一种是基层表；另一种是综合表。

（一）基层表

《全国档案事业统计年报制度》有 6 个基层表，由规定范围内的各级各类档案部门填报。

（1）档基 1 表。统计档案行政管理部门（即档案局）的基本情况。报表内容数主要是档案行政管理部门的机构人员情况，由各级档案行政管理部门填报。

（2）档基 2 表。统计档案馆基本情况，报表内容主要是机构人员情况、馆藏实体档案情况、国家重点档案抢救情况、馆藏档案开放利用情况及档案馆设施设备情况。该报表分别由各级各类档案馆填报。

（3）档基 3 表。统计档案室基本情况，报表内容主要是机构人员情况、室藏实体档案情况、室藏档案利用情况及档案室设施设备情况。该报表分别由统计范围内的各级机关、人民团体、民主党派、企业、事业单位档案室填报。

（4）档基 4 表。统计档案专业教育基本情况，报表内容主要是档案教育学校学生与教师情况、在职培训教育情况等。该报表中"高等学校"、"中等学校"类项由开办档案专业教育的高等学校、中等学校填报；"在职培训教育"类项由地级、市级以上档案局填报。

（5）档基 5 表。统计档案科技基本情况。该表有省级以上档案行政管理部门填报。

（6）档基 6 表。统计国家综合档案馆基本建设情况。报表内容主要是新建和改扩建档案馆的建筑规模、投资规模及其完成情况。该报表由当年有基本建设工程的各级国家综合档案馆填报。

在档案统计年报中，各单位只要对照《全国档案事业统计年报制度》填报本单位所对应的表格即可。与本单位无关的其他表格不需要填报。

（二）综合表

档案事业统计年报综合表，供计算机综合汇总使用。综合表是由档案部门填报的基层表的数据转换到综合表的相关指标项形成的表格，不需要档案部门填报。《全国档案事业统计年报制度》中有 8 个综合表。

（1）档综 1 表。该表是档案事业、人员情况综合年报。该表有 3 个附表，分别是：档案行政管理部门机构、人员情况年报；档案馆机构、人员情况年报；档案室机构、人员情况年报。

（2）档综 2 表。该表是档案馆保存档案情况年报。

（3）档综 3 表。该表是档案室保持档案情况年报。

（4）档综 4 表。该表是档案馆利用档案情况及关内设备情况综合年报。

（5）档综 5 表。该表是档案室利用档案情况及关内设备情况综合年报。

（6）档综 6 表。该表是档案专业教育情况综合年报。

（7）档综 7 表。该表是档案科技情况综合年报。

（8）档综 8 表。该表是档案事业费、国家综合档案馆基本建设情况综合年报。

（三）基层表与综合表的关系

基层表中的档基 4 表、5 表、6 表统计项目内容单一，其数据转换到综合表分别形成一个综合表，分别为档综 6 表、7 表和档综 8 表。基层表中的档基 1 表、2 表、3 表的统计数据转换到综合表时，则可以形成若干个综合表。如基层表档基 2 表（《档案馆基本情况年报》），机录后可以产生 4 个综合表：一是档综 1 表（《档案事业机构、人员情况综合年报》），此表综合汇总表档案局、档案馆、档案室三类档案机构及其人员情况，凡是有档案机构和档案人员的单位，相关情况的数据均转换到该综合表中；二是档综 1 表附表 2（《档案馆机构、人员情况综合年报》），此表按照类别和层级分别统计各级各类档案馆的人员情况，基表各级各类档案馆人员情况数据转换到相应的综合性档案馆的填报栏目中；三是档综 2 表（《档案馆保存档案情况综合年报》），此表为档案馆保存档案实体情况的统计，基表中档案馆保存档案情况的相关数据转换到此表的相应栏目中；四是档综 4 表（《档案馆利用档案情况及馆内设备情况综合年报》),基表中档案馆开放利用档案及馆内设备情况的相关数据同样应转换到此表的相应栏目中。

三、档案统计年报工作的注意事项

(一)要准确填写单位类别代码

为获得详细、系统、全面的统计数据,《全国档案事业统计年报制度》对填报单位进行了科学的分类和分级,且根据其性质与级别标识了各类填报单位的类别代码。

1. 档案局类

档案局类分为四个层级。

第一层级为国家档案局,类别代码为001。

第二层级为省(自治区、直辖市)档案局,类别代码为002。

第三层级为地(市、州、盟)档案局(处),类别代码为003。

第四层级为县(区、旗、市)档案局(科),类别代码为004。

2. 档案馆类

(1)国家综合档案馆。

国家综合档案馆分为四个层级。

第一层级为中央级国家综合档案局,类别代码为011。

第二层级为省(自治区、直辖市)级国家综合档案馆,类别代码为012。

第三层级为地(市、州、盟)级国家综合档案馆,类别代码为013。

第四层级为县(区、旗、市)级国家综合档案馆,类别代码为014。

(2)国家专门档案馆。

国家专门档案馆分为三个层级。

第一层级为中央级国家专门档案馆,类别代码为021。

第二层级为省(自治区、直辖市)级国家专门档案馆,类别代码为022。

第三层级为地(市、州、盟)级国家专门档案馆,类别代码为023。

(3)部门档案馆。

部门档案馆分为三个层级。

第一层级为中央、国家机关部门档案馆,类别代码为031。

第二层级为省(自治区、直辖市)直机关部门档案馆,类别代码为032。

第三层级为地(市、州、盟)直机关部门档案馆,类别代码为033。

(4)企业集团和大型企业档案馆,类别代码是041。

(5)省、部属文化事业单位档案馆,类别代码是051

(6)地市级以上科技事业单位档案馆,类别代码是061。

3. 档案室类

(1)机关档案室。

机关档案室分为四个层级。

第一层级为中央、国家机关,人民团体、民主党派档案室(处、科),类别代码为071。

第二层级为省(自治区、直辖市)直机关,人民团体、民主党派档案室(处、科),类别代码为 072。

第三层级为地(市、州、盟)直机关,人民团体、民主党派档案室(处、科),类别代码为 073。

第四层级为县(区、旗、市)直机关,人民团体、民主党派档案室(处、科),类别代码为 074。

(2)企业档案室。

企业档案室分为两个层级。

第一层级为企业集团和大型企业档案室,类别代码为 081。

第二层级为中型企业档案室,类别代码为 082。

(3)文化事业单位档案室。

文化事业单位档案室分为三个层级。

第一层级为省、部属事业单位档案室(处、科),类别代码为 091。

第二层级为地市级事业单位档案室(处、科),类别代码为 092。

第三层级为县级事业单位档案室(处、科),类别代码为 093。

(4)地市级以上科技事业单位档案室,类别代码为 101。

4. 档案专业教育学校

一类是开办档案专业教育的高等学校,类别代码是 111。

另一类是开办档案专业教育的中等学校,类别代码是 112。

类别代码代表着单位的性质和级别,填报单位必须要准确填写。因为计算机管理系统只按填写的代码所代表的单位类别进行记录和汇总,所以如果单位类别代码填写错误,即使年报数据正确,也不能准确地反映出本单位的档案工作情况。因此,单位类别代码填写错误的在性质上即为错误报表。

(二)要准确理解年报表的指标解释

《全国档案事业统计年报制度》中的指标解释分成了两个部分:一部分是通用指标解释;另一部分是专用指标解释。

1. 通用指标解释

通用指标解释是对不同档基表的通用指标作出解释说明,有 4 类。

第一类,机构、人员类,包括各级各类档案机构、档案人员及其文化程度、档案干部专业技术职务、档案专业在职培训教育等指标的说明。

第二类,保管档案、资料类,包括档案类别、档案保管目录指标的说明。

第三类,利用档案、资料类,包括档案利用人次件(卷)次、档案利用目的、档案利用方法等指标的说明。

第四类,设备类,对"计算机"、"集中式空调机"等设备进行指标说明。

2. 专用指标解释

专用指标解释是对档基表专业指标的解释说明。6 个基层表后各有一段专用指标解释文字,共 6 个。指标解释内容包括:表格填报单位、类项所指、指标单位与指标之间的逻辑关系等说明项。只有对档案统计年报表的指标项目有统一的认识,报表的质量才会得到根本性的保证,避免漏报、错报现象的发生。如通用指标"排架长度",解释为"档案叠放排列的厚度总和"，"长度"释为"厚度"，与我们的传统观点很不相同。再如通用指标"照片档案"解释为"专门集中保管的照片档案，与其他档案一起立卷保管的照片档案不计在内"，其明确的包含关系与我们平常的理解也有区别。所以，准确理解主要指标解释是确保年报数据准确性的前提。

（三）要注意年报指标的计量单位和计算方法

档案统计年报表中的某些指标的计量单位非常容易被忽视，在填写时一定要注意。如"案卷排架长度"和"以件为保管单位档案排架长度"指标的计量单位是"米"，"本年编研档案资料"指标的计量单位是"万字"，"经费"指标和"投资额"指标的计量单位是"万元"。如果在填写时使用了错误的计量单位，那么填写的数据就会出现错误。另外，综合表中的"机读目录"的数量单位已由基层表中的"条"变为"万条"，在检查核对数据时一定要注意。

档案统计年表中某些指标的计算方法，也一定要加以注意。如"利用人次"的计算方法分三种情形：一个利用者在一天以内查档，按 1 人次计算；一个利用者连续若干天查档，来 1 天就算 1 人次；一个利用者借走档案若干天，按 1 人次计算。再如"利用卷（件）次"的计算方法也有三种情况：一个利用者上、下午利用同一件档案，按 1 卷（件）次计算；一个利用者连续多天利用同一件档案，用 1 天就算 1 卷（件）次；一件档案外借若干天，按 1 卷（件）次计算。如果指标的计算方法不正确，那么填报的数据就会严重失误。

（四）要注意年报指标之间的对应关系是否合理

档案统计年报表中的某些指标之间存在着一定的逻辑关系和平衡关系。以《档案馆基本情况年报》为例，"馆藏全宗档案"的数量（30 行）应该大于或等于"新中国成立前档案"全宗数量（81 行）与"新中国成立后档案"全宗数量（84 行）的总和；馆藏档案的"新中国成立前档案"件数（61 行）应该等于明清以前档案件数（62 行）、明清档案件数（64 行）、民国档案件数（66 行）、革命历史档案件数（68 行）的总和。6 个档基表和 8 个综合表中，都有具有一定对应关系的指标存在，在填写、检查时一定要注意。

（五）档基表机录一定要准确

档案统计年报表机录是年报工作的最后一步，录入时应避免错行录入、漏填、错填等现象的发生。否则，即前功尽弃。

思 考 题

1. 档案统计工作中常用的表格有哪些？
2. 档案统计表应该如何设计？
3. 档案统计表的编制要求有哪些？
4. 档案统计年报工作的注意事项有哪些？

参考资料：《全国档案事业统计年报制度》年报档基表（节选）①。

档案行政管理部门基本情况年报

表号：档基 1 表

制表机关：国家档案局

批准单位：国家统计局

单位类别代码：□□□　　　　　　　　　　批准文号：国统制〔2012〕59 号

填报单位（盖章）：　　　　　　　　年度　　有效期至：2014 年 8 月

指 标 名 称	代码	计量	数量
一、定编	1	人	
二、现有全部专职人员	2	人	
其中：女性	3	人	
三、现有全部专职人员情况	—	—	—
1. 年龄	—	—	—
50 岁及以上	4	人	
35～49 岁	5	人	
34 岁及以下	6	人	
2. 文化程度	—	—	—
博士研究生	7	人	
硕士研究生	8	人	
研究生班研究生	9	人	
双学士	10	人	
大学本科	11	人	
大专	12	人	
中专	13	人	
高中	14	人	
初中及以下	15	人	
3. 档案专业程度	—	—	—
博士研究生	16	人	
硕士研究生	17	人	
研究生班研究生	18	人	
大学本科	19	人	
大专	20	人	
中专	21	人	
职业高中	22	人	
4. 接受在职培训教育	23	人	

单位负责人：　　　填表人：　　　联系电话：　　　填报日期：　　年　月　日

---

① 百度文库. http://wenku.baidu.com/view/db527323192e45361066f572.html.

档案馆基本情况年报

表号：档基 2 表
制表机关：国家档案局
批准单位：国家统计局
批准文号：国统制〔2012〕59 号
有效期至：2014 年 8 月

单位类别代码：□□□

填报单位（盖章）：　　　　　　年度

指　标　名　称	代码	计量	数量
一、定编	1	人	
二、现有全部专职人员	2	人	
其中：女性	3	人	
三、现有全部专职人员情况	—	—	—
1. 年龄	—	—	—
50 岁及以上	4	人	
35～49 岁	5	人	
34 岁及以下	6	人	
2. 文化程度	—	—	—
博士研究生	7	人	
硕士研究生	8	人	
研究生班研究生	9	人	
双学士	10	人	
大学本科	11	人	
大专	12	人	
中专	13	人	
高中	14	人	
初中及以下	15	人	
3. 档案专业程度	—	—	—
博士研究生	16	人	
硕士研究生	17	人	
研究生班研究生	18	人	
大学本科	19	人	
大专	20	人	
中专	21	人	
职业高中	22	人	
4. 档案干部专业技术职务	—	—	—
研究馆员	23	人	
副研究馆员	24	人	
馆员	25	人	
助理馆员	26	人	
管理员	27	人	
5. 接受在职培训教育	28	人	
四、事业费	29	万元	

续表

指 标 名 称	代码	计量	数量
五、馆藏档案	—	—	
全宗	30	个	
案卷	31	卷	
案卷排架长度	32	米	
以件为保管单位档案	33	件	
以件为保管单位档案排架长度	34	米	
未整理零散文件排架长度	35	米	
录音磁带、录像磁带、影片档案	36	盘	
照片档案	37	张	
底图	38	张	
缩微胶片	—	—	—
平片	39	张	
开窗卡	40	张	
卷片	41	万幅	
实物档案	42	件	
六、馆藏资料	43	册	
七、本年进馆档案	—	—	—
1. 接收档案	—	—	—
案卷	44	卷	
以件为保管单位档案	45	件	
录音磁带、录像磁带、影片档案	46	盘	
照片档案	47	张	
底图	48	张	
2. 征集档案	—	—	—
案卷	49	卷	
以件为保管单位档案	50	件	
录音磁带、录像磁带、影片档案	51	盘	
照片档案	52	张	
底图	53	张	
八、接受寄存档案	54	卷	
	55	件	
九、本年销毁档案	—	—	—
案卷	56	卷	
以件为保管单位档案	57	件	
录音磁带、录像磁带、影片档案	58	盘	
照片档案	59	张	
底图	60	张	

续表

指 标 名 称	代码	计量	数量
十、馆藏档案的历史分期	—	—	
1. 建国前档案	61	卷	
	62	件	
明清以前档案	63	件	
明清档案	64	卷	
	65	件	
民国档案	66	卷	
	67	件	
革命历史档案	68	卷	
	69	件	
2. 建国后档案	70	卷	
	71	件	
十一、档案编目情况	—	—	—
1. 手工目录	—	—	—
案卷目录	72	本	
全引目录	73	本	
归档文件目录	74	本	
专题目录	—	—	—
簿式	75	本	
卡片式	76	张	
重要文件目录	—	—	—
簿式	77	本	
卡片式	78	张	
2. 机读目录	—	—	—
案卷级	79	万条	
文件级	80	万条	
十二、开放档案情况	—	—	—
1. 建国前档案	—	—	—
全宗	81	个	
案卷	82	卷	
以件为保管单位档案	83	件	
2. 建国后档案	—	—	—
全宗	84	个	
案卷	85	卷	
以件为保管单位档案	86	件	
3. 开放档案目录	—	—	—
案卷级	87	万条	
文件级	88	万条	

续表

指 标 名 称	代码	计量	数量
十三、本年利用档案人次	89	人次	
其中：台港澳同胞	90	人次	
外国人	91	人次	
十四、本年利用档案	92	卷次	
	93	件次	
1. 所属时期	—	—	—
建国前档案	94	卷次	
	95	件次	
建国后档案	96	卷次	
	97	件次	
2. 利用者类别	—	—	—
单位	98	卷次	
	99	件次	
个人	100	卷次	
	101	件次	
十五、政府信息公开查阅场所	102	个	
十六、本年利用现行文件	103	人次	
	104	件次	
十七、本年利用资料	105	人次	
	106	册次	
十八、爱国主义教育基地	107	个	
十九、本年举办档案展览	108	个	
基本陈列	109	个	
二十、本年参观档案展览人次	110	人次	
二十一、本年编研档案资料	—	—	—
公开出版	111	种	
	112	万字	
内部参考	113	种	
	114	万字	
二十二、国家重点档案抢救情况	—	—	—
1. 应抢救档案总数	115	卷	
	116	件	
2. 已抢救档案数量	117	卷	
	118	件	
其中：本年度抢救档案数量	119	卷	
	120	件	
二十三、档案馆总建筑面积	121	平方米	
档案库房建筑面积	122	平方米	
后库面积	123	平方米	
档案技术用房建筑面积	124	平方米	
对外服务用房建筑面积	125	平方米	

续表

指 标 名 称	代码	计量	数量
二十四、馆内设备	—	—	—
1. 缩微设备	—	—	—
缩微摄影机	126	台	
冲洗机	127	台	
拷贝机	128	台	
阅读器	129	台	
阅读复印机	130	台	
2. 电子计算机	—	—	—
服务器	131	台	
微机	132	台	
3. 复印机	133	台	
4. 空调机	—	—	—
集中式	134	台	
分散式	135	台	
5. 去湿机	136	台	
6. 消毒设备	137	台	

单位负责人：　　填表人：　　联系电话：　　填报日期：　年　月　日

档基 3 表（续一）

指 标 名 称	代码	计量	数量
五、本年经费投入	30	万元	
六、室存档案	—	—	—
全宗	31	个	
案卷	32	卷	
案卷排架长度	33	米	
以件为保管单位档案	34	件	
以件为保管单位档案排架长度	35	米	
录音磁带、录像磁带、影片档案	36	盘	
照片档案	37	张	
底图	38	张	
缩微胶片	—	—	—
平片	39	张	
开窗卡	40	张	
卷片	41	幅	
实物档案	42	件	
七、室存永久、长期(30 年)档案	43	卷	
	44	件	
其中：永久保管	45	卷	
	46	件	

指 标 名 称		代码	计量	数量
八、本年接收档案		—	—	—
	案卷	47	卷	
	以件为保管单位档案	48	件	
	录音磁带、录像磁带、影片档案	49	盘	
	照片档案	50	张	
	底图	51	张	
九、本年向档案馆移交档案		—	—	—
	案卷	52	卷	
	以件为保管单位档案	53	件	
	录音磁带、录像磁带、影片档案	54	盘	
	照片档案	55	张	
	底图	56	张	
十、本年移出档案		57	卷	
		58	件	
十一、本年销毁档案		—	—	—
	案卷	59	卷	
	以件为保管单位档案	60	件	
	录音磁带、录像磁带、影片档案	61	盘	
	照片档案	62	张	
	底图	63	张	
十二、室存档案的历史分期		—	—	—
	1. 建国前档案	64	卷	
		65	件	
	明清以前档案	66	件	
	明清档案	67	卷	
		68	件	
	民国档案	69	卷	
		70	件	
	革命历史档案	71	卷	
		72	件	
	2. 建国后档案	73	卷	
		74	件	
十三、室存资料		75	册	

指标名称			代码	计量	数量
十四、档案编目情况			—	—	—
1. 手工目录			—	—	—
	案卷目录		76	本	
	全引目录		77	本	
	归档文件目录		78	本	
	专题目录		—	—	—
		簿式	79	本	
		卡片式	80	张	
	重要文件目录		—	—	—
		簿式	81	本	
		卡片式	82	张	
2. 机读目录			—	—	—
	案卷级		83	万条	
	文件级		84	万条	
十五、本年利用档案			85	人次	
			86	卷次	
			87	件次	
1. 利用档案所属时期			—	—	—
	建国前档案		88	卷次	
			89	件次	
	建国后档案		90	卷次	
			91	件次	
2. 档案利用目的			—	—	—
	学术研究		92	卷次	
			93	件次	
	经济建设		94	卷次	
			95	件次	
	宣传教育		96	卷次	
			97	件次	
	工作查考		98	卷次	
			99	件次	
	其他		100	卷次	
			101	件次	
十六、本年利用资料			102	人次	
			103	册次	
十七、陈列室			104	个	
十八、本年编研档案资料			—	—	—
公开出版			105	种	
			106	万字	
内部参考			107	种	
			108	万字	

续表

指 标 名 称	代码	计量	数量
十九、档案室总建筑面积	109	平方米	
档案库房建筑面积	110	平方米	
二十、档案室设备	—	—	
1. 电子计算机			
服务器	111	个	
微机	112	台	
2. 复印机	113	台	
3. 空调机	—	—	—
集中式	114	套	
分散式	115	台	
4. 去湿机	116	台	
5. 消毒设备	117	台	

单位负责人：　　　　填表人：　　　　联系电话：　　　　填报日期：　　年　　月　　日

<h3 align="center">档案专业教育基本情况年报</h3>

表号：档基 4 表

制表机关：国家档案局

批准单位：国家统计局

批准文号：国统制〔2012〕59 号

有效期至．2014 年 8 月

单位类别代码：□□□

填报单位（盖章）：　　　　　　　　年度

指 标 名 称	代码	计量	数量
一、学历教育	—	—	—
1. 开办档案专业高等学校情况	—	—	—
学校数量	1	个	
档案专业教师	2	人	
教授	3	人	
副教授	4	人	
讲师	5	人	
助教	6	人	
实验员	7	人	
本年毕业学生	8	人	
博士研究生	9	人	
硕士研究生	10	人	
双学位	11	人	
大学本科	12	人	
大专	13	人	
2. 开办档案专业中等学校情况	—	—	—
学校数量	14	个	
档案专业教师	15	人	
本年毕业学生	16	人	

续表

指 标 名 称			代码	计量	数量
二、在职培训教育			—	—	—
1. 面授培训			17	期	
			18	人	
	岗位培训		19	期	
			20	人	
	继续教育		21	期	
			22	人	
	专题培训		23	期	
			24	人	
2. 网上培训			25	人	
	岗位培训		26	人	
	继续教育		27	人	

单位负责人： 填表人： 联系电话： 填报日期： 年 月 日

档案科技基本情况年报

表号：档基 5 表

制表机关：国家档案局

批准单位：国家统计局

批准文号：国统制〔2012〕59 号

有效期至：2014 年 8 月

单位类别代码：□□□

填报单位（盖章）： 年度

指 标 名 称		代码	计量	数量
一、科技项目立项完成情况		—	—	—
1. 立项		1	个	
	国家档案局计划项目	2	个	
	省级科技计划项目	3	个	
	省档案局计划项目	4	个	
	地、市级科技计划项目	5	个	
	其他计划项目	6	个	
2. 完成		7	个	
	国家档案局计划项目	8	个	
	省级科技计划项目	9	个	
	省档案局计划项目	10	个	
	地、市级科技计划项目	11	个	
	其他计划项目	12	个	
二、科技成果获科技奖励情况		—	—	—
合计		13	个	
	国家科技进步奖、发明奖	14	个	
	国家档案局科技进步奖	15	个	
	省部级科技进步奖	16	个	
	省档案局科技进步奖	17	个	
	地、市级科技进步奖	18	个	
	政府其他科技奖励	19	个	

续表

指 标 名 称	代码	计量	数量
三、科研机构情况	—	—	—
1. 机构数	20	个	
2. 定编	21	人	
3. 现有全部专职人员	22	人	
其中：科研人员	23	人	
4. 科研人员情况			
专业技术职务	—	—	—
研究馆员	24	人	
副研究馆员	25	人	
馆员	26	人	
助理馆员	27	人	
管理员	28	人	
文化程度	—	—	—
研究生	29	人	
大学本科	30	人	
大专及以下	31	人	
年龄	—	—	—
50 岁及以上	32	人	
35～49 岁	33	人	
34 岁及以下	34	人	
5. 本年承担及完成课题情况	—	—	—
承担课题	35	个	
完成课题	36	个	
6. 科研经费	37	万元	
7. 科研设备	38	台	
5 万元以上	39	台	
1 万～5 万元	40	台	
1 万元以下	41	台	

单位负责人：　　　填表人：　　　联系电话：　　　填报日期：　　年　月　日

国家综合档案馆基本建设情况年报

表号：档基 6 表
制表机关：国家档案局
批准单位：国家统计局
批准文号：国统制[2012]59 号
有效期至：2014 年 8 月

单位类别代码：□□□
填报单位(盖章)：　　　　　年度

指 标 名 称	代码	计量	数量
一、本年度在建项目情况	—	—	—
1. 工程种类	—	—	—
其中：新建	1	个	
改、扩建	2	个	

续表

指 标 名 称	代码	计量	数量
2. 建筑面积	3	平方米	
其中：档案库房建筑面积	4	平方米	
3. 计划总投资额	5	万元	
4. 累计完成投资额	6	万元	
5. 本年度完成投资额	7	万元	
二、本年度竣工项目情况	—	—	—
1. 工程种类	—	—	
其中：新建	8	个	
改、扩建	9	个	
2. 竣工面积	10	平方米	
其中：档案库房面积	11	平方米	
3. 计划总投资额	12	万元	
4. 实际总投资额	13	万元	

单位负责人：　　　填表人：　　　联系电话：　　　填报日期：　年　月　日

第十章

电子文档管理

学习目标

1. 明确电子文件的概念、种类与特点；
2. 了解电子文件的归档方式、步骤、注意事项；
3. 掌握电子文档存储载体的保管要求与安全风险的控制；
4. 了解电子文档利用的方式与管理策略。

随着现代办公自动化程度的提高,数字化已经成为一种新型的档案管理模式。传统实体档案的数字化转换、新兴的由办公自动化系统产生的电子文件的管理,已经成为各机关单位秘书人员和专职档案人员的新课题。鉴于各国家机关、企事业单位秘书工作的范畴,秘书人员必须要熟练掌握电子档案接收、整理、保管、利用、移交等工作技巧。

第一节 电子文件概述

一、电子文件的概念与构成

(一)电子文件的概念

电子文件是指国家机关、企事业单位、社会团体以及个人在社会活动中形成的,以硬盘、磁盘、光盘为存储介质的,依赖计算机系统发挥作用的文字、图片等资料。通常电子文件又被称为数字文件。在办公自动化过程中产生的电子文书、电子信件、电子报表、电子图纸等资料,都属于电子文件的范畴。

（二）电子文件的构成

电子文件由三个要素构成。

1. 内容

电子文件的内容是指文件的全部文本信息。

2. 背景信息

电子背景信息是指伴随着文件的形成和运作过程而产生的描述性信息,包括文件职能活动、作用、办理过程、结果、影响等。对于纸质文件而言,其背景信息一般附带在文件原件上,如附在定稿发文稿纸上的拟稿单位、拟稿人、审核人、签发人、校对人、印章人等内容,即是描述该文件制作过程的背景信息;文件的天头、地尾空白处的批办意见、承办结果或文件正本所附的文件处理单,即是描述文件处理情况的背景信息。电子文件的背景信息与电子文件的内容信息往往分离保存,所以在归档时,一定要注意背景信息与内容信息放在一起。如果背景信息丢失,电子文件就没有了凭证价值。

3. 元数据

元数据是描述电子文件属性的数据,包括著录数据、文件格式、编排结构、字处理软件、图处理软件、系统平台与软件环境等一切与生成和恢复电子文件有关的数据。元数据具有一定的隐蔽性,一旦丢失或被破坏,电子文件的原始形态就会发生改变,甚至导致文件不可读。

二、电子文件的特点

电子文件除了具有传统文件的基本特征外,还具有很多纸质文件没有的特征。

（一）非直读性

纸质文件白纸黑字,可直接辨认,而电子文件是一种观念型文件,采用了人工不可识别的数字代码。这些数字代码,只有借助于计算机特定的解码技术,才能转换成人工可以识读和理解的记录符号。

（二）信息系统的依赖性

电子文件对信息系统的依赖性特别明显。

（1）电子文件的形成、输入、传递、归档以及利用,必须依赖于计算机的软、硬件及数据库与网络系统才能实现。

（2）电子文件的信息显示依赖于特定的信息系统,即不同的计算机操作系统形成的电子文件,其版本、格式、外部形态也不尽相同,一旦系统与原可读文件不兼容,则电子文件就会变得毫无意义。

（三）载体的多样性

电子文件不存在实体意义上的原件,其信息不具有固定的物理位置。

（1）电子文件可以根据实际需要变化物理位置,同时存在或相互转换于不同的载体之间,而信息内容却不发生任何的变化。

（2）涉密电子文件通常采取把电子文件信息内容分解后通过不同的路径传递,并存放在不同地点的不同储存载体上。只有在需要时,存储在不同载体上的信息内容才会把涉密文件组配起来。

（3）适合文、图、声、像等形态信息存储的载体不同，所以一个电子文件如果具有文字、声音、图像等多媒体信息，那么该份文件不同种类的信息往往会出现载体分离的现象。

（4）由于磁性载体与光性载体寿命的局限性，电子文件往往需要定期转换载体进行保管。

（四）信息的易损性

破坏损伤电子文件的因素有很多，主要有以下几点。

1. 人为有意改动

即未授权人员对电子文件的增、删、改、调的行为。电子文件的改动非常容易，除非设置特定的应用程序，否则改后不留任何痕迹。

2. 系统无意改动

系统对电子文件信息的破坏主要有两种情形：一是软件错误或故障与硬件故障，可能会造成电子文件数据信息的丢失；二是电子文件编码格式、存储格式、存储载体和系统软件转换过程中，可能会导致文件信息的改变、损坏甚至丢失。

3. 存储载体损伤

存储载体的损伤会导致电子文件数据信息的损坏。磁性载体与光性载体对环境中的光照、温湿度、磁性、清洁度等条件都有着很高的要求，任何一个方面的疏漏都可能造成载体的损伤。再则，挤压、震动也会造成电子文件载体的损伤。

电子文件信息的易更改性、易损性，在很大程度上威胁到电子文件的原始性、真实性。

（五）信息的共享性

电子文件突破了时空的限制，大大地提高了信息的利用度。表现有：一是同一个人可以同时利用不同的电子文件；二是不同的人可以同时利用同一份电子文件；三是人在异地，可以不受空间的限制多人共享同一文件信息。

三、电子文件的种类

1. 按来源分

（1）办公自动化过程中原生的电子文件。

（2）由扫描仪或其他数码设备转换而来的传统文件。

2. 按文件用途分

（1）程序文件：是计算机管理设备、生成数据文件的系统软件、支撑软件、应用软件。代码为 P。

（2）数据文件：是计算机系统信息处理过程中形成的供人们利用加工的数据信息集合。代码为 D。

3. 按文件稿本分

（1）草稿性电子文件

草稿性电子文件是指由计算机起草、但不能作为正式文件使用的文件。代码是 M。

（2）非正式电子文件

非正式电子文件是指由计算机起草的可以作为正式文件使用，但不能以正式文件的形式保存、归档。代码是 U。

（3）正式电子文件

正式电子文件是指由计算机起草、使用、保存并归档的文件。代码为 F。

4. 按文件的表现形式分

（1）文本文件

文本文件是指采用计算机文字处理技术处理形成的，由字、词、数字或符号表达的文字文件、表格文件，以及业务工作中产生的公文、报表等。代码是 T。

（2）图像文件

图像文件是指由扫描仪、数码相机等数码设备采集或制作的静态图像文件。代码是 I。

（3）图形文件

图形文件是指以计算机为辅助工具设计或绘制的图表、曲线图、模型、图画等静态图形文件。代码是 G。

（4）影像文件

影像文件是指用视频设备录入的影像文件或采用动画软件生成的各种动画。代码是 V。

（5）声音文件

声音文件是指用音频设备录入或编曲软件生成的文件。代码是 A。

（6）超媒体链接文件

超媒体链接文件是指用网页制作技术（Web）制作的浏览器文件。代码是 O。

四、电子文件的常用格式

电子文件格式是指计算机在存储信息时使用的信息编码方式。文件格式是计算机识别内部存储信息的标识。每一类信息可以以一种或多种格式存储于计算机中，文件系统对每一种格式设置了特定的访问方法。电子文件的格式包括两种：一种是封闭格式；另一种是开放格式。所谓封闭格式，是指只有通过特定的软件系统才能获得文件完整准确信息的格式。采用封闭格式存储的电子文件不同软件间的互操作性非常差，严重威胁到文件长期保存的稳妥性和安全性。所谓开放格式，是指不受文件形成软件的限制，可以在不同程序、平台之间自由交换的文件格式。通常，每一种文件格式会有一种或多种扩展名，应用程序借助扩展名来识别判断文件格式。为实现文件共享，降低文件迁移的难度，在存储电子文件时要尽量选用标准的开放格式。常用的电子文件格式如表 10-1 所示。

表 10-1　常用的电子文件存储格式

电子文件种类	常用的封闭格式	开 放 格 式
文本文件	.doc、.ceb	.txt、.pdf、.odf、.uof、.xml
图像文件	.psd	.jpeg、.tiff、.bmp、.svg
声音文件	.wma、.mov、.rm	.wav、.mp3
影像文件	.rm、.mov、.asf、.avi	.mpeg1、.mpeg2、.mpeg4

第二节 电子文件的归档

一、电子文件归档范围

各组织在工作中会产生大量的电子文件,但不是所有的电子文件都需要归档。具有一定的保存价值的电子文件,才有必要进行归档保存和维护。归档后的电子文件即是电子档案。电子文件归档质量的优劣直接关系到电子档案价值的发挥。为保证电子档案真实、完整、有效,部门秘书必须要严把电子文件归档的质量关,确定详细的归档范围。电子文件的归档范围应该包括以下几点。

(1)本单位业务活动中产生的具有查考利用价值的文本文件。重要文件的修改稿,应该与定稿一并保存。

(2)本单位利用计算机技术形成的具有查考利用价值的图片文件。

(3)本单位计算机系统进行信息处理时形成的各种重要数据文件。

(4)自行研发或外购的、支持本单位电子文件运行的计算机程序文件。

(5)支撑计算机设备运行的操作系统。

(6)与电子文件运行有关的计算机硬件说明书和软件开发资料。

(7)归档电子文件的背景信息与元数据。

二、电子文件归档的方式

1. 逻辑归档

逻辑归档是指内部设有局域网的单位,在各部门与档案部门都成为内网一个节点的前提下,各部门将本部门电子文件的逻辑地址通知给档案部门,或将电子文件传输到档案部门的网络规定地址的过程。逻辑归档,在网络空间里实现了电子文件的实时归档。

2. 物理归档

物理归档是指把电子文件集中传输至独立的或可脱机保存的磁盘、光盘等载体上向档案部门移交。具体部门的秘书人员必须定期将需要归档的电子文件拷贝到储存介质上,并送至档案部门。物理归档方式简单、直接,从本质上讲,与纸介档案的归档并无区别。

为保证电子文件的安全,在实际操作中,逻辑归档不能单独使用。逻辑归档的电子文件在经过档案部门鉴定后,还需要相关的业务部门将具有保存利用价值的档案以物理归档的方式向档案部门移交。在实施电子文件与纸介文件"双套制"保存的单位,电子文件在采取物理归档的同时,还要将相应的纸介文件归档。

三、电子文件归档的步骤

(一)逻辑归档的步骤

1. 检验

由于电子文件的特殊性质,电子文件的形成部门必须要对准备归档的电子文件的进行检验。检验内容包括以下几点。

（1）真实性检验

真实性是档案的灵魂。预归档电子文件信息内容的真实性是保证电子档案真实的根本途径。判断电子文件是否真实,关键在于检验电子文件的信息内容、背景信息与结构与形成时的原始状况是否一致。电子文件真实性检验的内容主要有：电子文件形成与处理过程中的不同版本是否齐全；是否有起草者、修改者、审核者、签发者等各位责任者的签署手续；文件处理过程中各类操作者是否有操作的权限；电子文件的内容和签章,是否与其相应的纸质文件完全一致。

（2）完整性检验

电子文件完整性检验的是电子文件的内容、结构、背景信息和元数据是否有缺损。检验的内容有：电子文件的职能活动、办理过程及办理时产生的各种背景信息是否齐全；电子文件的不同稿本是否齐全；电子文件的物理结构与逻辑结构是否完整；保证电子文件还原的元数据是否齐全等。

（3）有效性检验

电子文件有效性检验检验的是电子文件是否具有可理解性和可利用性。检验的内容包括：电子文件的信息是否可以识别；存储系统是否安全可靠；文件载体是否完好；电子文件与系统设备是否兼容等。

（4）鉴定保存价值

各机关单位业务部门的电子文件是否属于归档范围,除参考上文的原则外,还要严格遵守档案部门有关电子文件归档范围的规定要求。对于归档范围没有涉及,但又与相关事件有密切关系的电子文件,也具有一定的保存价值,应该放在"备注项"中进行标注,并列为预归档范畴。

（5）鉴定密级与保管期限

电子文件密级和保密期限的鉴定要参照纸质文件材料的有关规定执行。电子文件的背景信息与元数据的保存期限,要与电子文件的信息内容的保存期限一致。

2. 整理

逻辑归档是在线归档,归档时可以单份文件为单位逐一上传,也可以数据包的形式批量上传。采用批量传送之前,一定要注意对电子文件进行整理。

（1）组卷

如果电子文件采用数据包批量归档的形式,一定要在上传前对拟归档的电子文件分类并组卷。组卷可以按内容、时间、形式等标准进行,将同一属性文件存放在相应的文件夹中。为实现不混档的目的,电子文件组卷原则通常与著录的标准相一致。

（2）著录

电子文件要按照统一的格式进行编目整理。著录项目、格式和标准由档案部门规定,电子档案形成的具体处（室）进行实际操作。

（3）排序

按照一定的逻辑顺序对不同的文件夹或同一文件夹里的电子文件进行排序。为与目录照应衔接,文件夹与夹内文件最好以档案编号的形式来命名,按目录号、案卷号或档号进行存储。

3. 原件挂接

拟归档的电子文件必须要与档案部门的信息管理系统准确衔接。主要工作内容如下。

（1）按档案部门所提出的要求，提交电子文件的类型、格式、结构、参数、背景信息、元数据等内容。

（2）将电子文件改为通用格式。一般归档的文件要求使用 XML 格式。由于 PDF 格式文件具有不可修改的性质，不携带病毒，所以目前很多档案部门也接受 PDF 格式的电子文件。

（3）检验挂接的文件的真实性、完整性、有效性。

（4）对原件挂接的时间、人员、操作记录等进行登记。

4. 登记

电子文件归档前，档案形成部门要将检验审核的结果填写在《归档电子文件移交、接收检验登记表》，并有负责人签署意见。登记表格式如表 10-2 所示。

表 10-2　归档电子文件移交、接收检验登记表

检验内容	单位名称	
	移交单位	接收单位
载体外观		
病毒		
真实性		
完整性		
有效性		
技术方法与相关软件说明		
登记表、软件、说明资料		
填表人（签名）	年　月　日	年　月　日
审核人（签名）	年　月　日	年　月　日
单位（印章）		

5. 鉴定

鉴定工作由本单位的档案部门开展，主要是检查挂接的电子文件是否符合真实性、完整性、有效性、规范性等要求。若有不合格的地方，需要与档案形成部门沟通修改。

6. 归档

档案部门将符合归档要求的电子文件通过归档接口存入相应的档案数据库，并给予档案标识。

（二）物理归档的步骤

根据《电子文件的归档与管理规范》（GB/T 18894—2002）规定，凡是采用逻辑归档的电子文件均应定期进行物理归档，步骤如下。

1. 拷贝

将带有归档标识的电子文件集中下载至耐久性比较好的载体上，一式 3 套，一套封存

保管,一套用于查阅,一套异地保存。对于加密电子文件,拷贝前则需要解密处理。存储载体的选择按优先顺序依次为:只读光盘、一次写光盘、磁带、可擦写光盘、硬磁盘等。不允许将软磁盘用作归档电子文件长期保存的载体。

2. 浏览

借助浏览软件,检查储存载体的拷贝内容是否符合标准、信息内容是否完整真实和有效。

3. 设置

将归档电子文件的存储载体设置为只能读、不能写、不能格式化的禁止写操作状态。

4. 标注

在存储电子文件的载体或装具上加注标签,标签应注明载体的序号、全宗号、类别号、编号、名称、密级、保管期限、存入日期和软硬件平台等内容。

5. 存储其他相关资料

(1) 若归档的电子文件属于特殊格式,那么存储载体中应同时存有相应的浏览软件。

(2) 一同归档与电子文件相对应的机读目录、相关软件和其他说明等,并附上《归档电子文件登记表》。《归档电子文件登记表》首页中归档电子文件的填写应以盘为单位,续页填写以件为单位。登记表格式如表 10-3、表 10-4 所示。

表 10-3 归档电子文件登记表(首页)[①]

文件特征	形成部门				
	完成日期		载体类型		
	载体编号				
	通讯地址				
	电话		联系人		
设备环境特征	硬件环境(主机、网络服务器型号、制造厂商等)				
	软件环境(型号、版本等)	操作系统			
		数据库系统			
		相关软件(文字处理工具、文字浏览器、压缩或解密软件等)			
文件记录特征	记录结构(物理、逻辑)		记录类型	□定长 □可变长 □其他	记录总数	
					总字节数	
	记录字符及图形音频、视频文件格式				
	文件载体	型号: 数量: 备份数:		□一件一盘 □一件多盘	□多件一盘 □多件多盘

① 南沙档案与地方志网站.http://www.gzns.gov.cn/dasz/dazt/zhda/200812/t20081212_21777.htm.

续表

文件交接	送交部门			
	通讯地址			
	电话		联系人	
	送交人(签名)	年　　月　　日		
	接收部门			
	通讯地址			
	电话		联系人	
	接收人(签名)	年　　月　　日		

表 10-4　归档电子文件登记表(续页)

第　　页

文件编号	题名	形成时间	文件版本代码	文件类别代码	载体编号	保管期限	备注

6. 保存原载体

归档完毕后,电子文件形成部门应将存有归档前电子文件的载体保存至少 1 年。

四、电子文件归档的手续

档案形成部门将电子文件移交到档案管理部门时,双方应该有移交接受的手续。具体工作有以下内容。

(1)档案形成单位在移交电子文件前、档案保管部门在接收电子文件之前都要对归档的载体和技术环境进行检查。检查项目参照《归档电子文件移交、接收检验登记表》的相关内容逐一进行检查。检查结果由移交单位、接收部门填写到《归档电子文件移交、接收检验登记表》中。

(2)检验合格率达到 100%的,即为验收合格。检验不合格者,档案管理部门不予接受,退还形成单位重新制作。

(3)验收合格的,完成《归档电子文件移交、接收检验登记表》的填写、签字与盖章环节。

(4)采用物理归档方式的电子文件,移交单位、接收单位还要在《归档电子登记表》上签字盖章。采用逻辑归档的电子文件,归档时自动生成的《归档电子登记表》要打印,移交双方签字盖章。

(5)归档电子文件移交时所产生的表格,应一式两份,移交单位、接受单位各存一份。

五、电子文件归档应该注意的几个问题

(一)按时归档

逻辑归档属于实时归档的性质。物理归档的时间,可以参照纸质文件归档的时间规

定。通常,物理归档在电子文件形成的第二年的上半年完成。有条件的单位,可以在电子文件形成的 3 个月内完成归档。由于电子文件的技术环境条件,储存载体质量、寿命等问题,归档时间是越快越好。

(二)审核鉴定

由于电子文件没有固定的格式和载体,所以为确保电子文件信息内容不发生任何的改变,在电子文件形成之初到电子文件移交完成,文件形成单位、接收单位要认真细致地做好审核鉴定工作。

(三)安全防护

电子文件安全表现在两个层面:一是不被修改;二是不被丢失。为防止文件信息被修改,应该建立可靠的安全防护措施。具体如下:一是建立电子文件的权限认证和操作者的可靠身份识别;二是设置操作日志,随时自动登记操作信息;三是对电子文件设置修改标识;四是设置安全的电子印章和电子签名。为防止数据丢失,应做好电子文件的备份工作,文件载体备制 3 份,一份封存,一份提供利用,一份异地备份。

第三节 电子文档的存储与利用

一、电子文档存储载体的保管要求

由于电子文档是以脱机的形式存储在磁、光载体上,其保存方式与传统纸介档案的管理方式有着明显的不同。

(一)硬盘

硬盘按工作方式可分为固定式磁盘和移动式硬盘。目前,硬盘已经成为存储电子文档的重要介质。为保证数据安全可靠,硬盘在日常的保管和使用中,应注意以下几个方面。

1. 防止突然中断电源

突然断电对尚在工作中的硬盘非常不利:一是会导致移动硬盘的磁头没有归位,磁头下方的数据有被抹掉的危险;二是会导致磁盘的电路损坏。解决问题的办法是:识读计算机最好使用不间断电源(UPS),在发生负压或断电的情况下备用电池可以发挥作用进行供电;如果使用的是移动磁盘,那么在完成了或不进行移动磁盘文件的读写或复制操作的情况下,单击 Windows 桌面右下角的"安全删除硬件",手动关闭移动磁盘;不能随意关机或频繁启动,尽量减少计算机使用次数。

2. 注意环境的温度、湿度与清洁条件

温度、湿度对磁盘的破坏性表现在两个方面:一是导致导致磁盘变形;二是影响磁盘的读写效果。按有关的国家级技术标准,硬盘存放温度为 $-40\sim65$℃,相对湿度为 $8\%\sim80\%$;工作温度为 $15\sim50$℃,相对湿度 $8\%\sim80\%$。在实际操作中,磁盘应该保存在恒温恒湿的环境里。磁盘工作前,必须要在驱动器同一环境至少放置两个小时。

3. 防尘

硬盘的磁头和盘片之间的距离非常小,如果灰尘落在盘片上,磁头的来回拍打就会将灰尘磨碎。带有尘粒的磁头在盘片上摩擦,会导致硬盘损伤。为防止灰尘附着在盘片上,严禁拆开保存磁性盘片的密封盒;同时还要注意环境的清洁,减少空气中的含尘量。

4. 防震

强烈的震动会使硬盘的磁头撞入盘片,导致盘片数据区发生损坏。所以磁盘在工作状态时,尽量不要搬运和震动;移动硬盘时要轻拿轻放,严禁摇晃、磕碰。对于固定硬盘的防震,应尽可能防止主机的震动,不要将打印机与主机放在同一个桌面上。

5. 防磁

硬盘是一种磁性材料,所以为了防止磁盘数据遭到破坏,硬盘驱动器应远离磁场,如音箱、电台、电视机、话筒等。通常磁盘环境的磁场不应超过 4000A/m。

（二）软磁盘

对于软磁盘的保管,应该做到以下几点。

1. 注意环境的温度湿度

环境温度太高,软盘的封罩会变形,磁头与盘片接触变差,从而导致读、写困难;环境太过干燥,软盘则容易带静电,导致读、写失误;高温潮湿的环境,软盘则容易发生霉变,从而导致盘中数据受损。所以软盘的可靠性与环境的温度、湿度有很大关系,通常软磁盘工作环境的温度应保持在 10～60℃,相对湿度保持在 8%～80%;贮存环境的温度是 4～53℃,相对湿度是 8%～80%。软盘在使用前,应放置在使用环境下做适应处理,如果环境差别很大,则适应时间应不少于 24 小时。

2. 防止污染

软盘上积留有灰尘,读写时容易划伤盘片,导致软盘信号失灵。因此保持软盘的清洁非常重要。为防止污染,应做到以下几点:①不可用手触摸软盘盘面;②不可用软布擦拭盘面;③存放环境、使用环境应少有灰尘;④接触软盘时,不可以吸烟、喝饮料。

3. 远离外磁场

软盘也是一种磁性材料,对外界杂散磁场较为敏感。在保管时,最好选用防磁性装具存放软磁盘,且保存位置远离能形成强磁场的设备。

4. 防折防压

折压会对软盘产生损伤,所以严禁弯折软磁盘。在曝光软盘时,不可用夹子、曲别针或橡皮筋来固定软盘;不可在软盘上置放重物;装盘保存时不可水平重叠放置,应垂直立放在纸质盘盒或适当的盘架内。

软盘是最早使用的可移介质,主要存储需要被物理移动的小文件。由于软磁盘的容量有限、传输速度比较慢,软磁盘作为电子档案载体介质已逐渐被其他存储设备所代替。

（三）光盘

光盘具有存储密度高、容量大、稳定性高、存储寿命长等特点,是电子文档理想的载体。光盘保管要注意以下几个方面。

1. 减少使用次数

激光光能对光盘制成材料的影响与光盘累计使用的时间成正比，累计使用的时间越长，光盘材料稳定性受到激光的影响程度越大。频繁使用光盘，光盘材料将反复吸收激光热能，从而发生变形、变色、降解等现象，大大降低光盘的信操比，影响光盘的使用寿命。因此，应尽可能减少光盘档案的使用次数和时间。

2. 温度湿度条件

在高温高湿的环境下，光盘的制作材料会发生变形、氧化、水解等现象，因此要十分注意光盘环境的温度与湿度。由于光盘的材料成分比较复杂，各成分因性能的不同对温度、湿度的要求也不尽相同。综合考虑各组成成分的特点，光盘档案保存比较适宜的环境应该是：温度 14～24℃，相对湿度保持在 45％～60％。光盘保存环境最好是恒温恒湿，日温差不超过 2℃，湿度变化不超过 5％。

3. 防光

光盘材料受到光照时，其中的有机成分就会发生光氧化反应，从而导致光盘的外观、物理性质、机械性能、分子结构等发生变化。无论是人工光源还是太阳光，对光盘档案都是有害的。所以，对光盘档案的保存和利用采取一定的避光保存措施十分必要。具体措施有：库房采用暗色内避阳；库房窗户安装防光性能的玻璃，并对其进行紫外线吸收防护；选用紫外线含量较低的白炽灯作为库房的照明光源，并尽量降低光照的强度、减少光照的时间；库内不作业时，关闭库内光源；选择防光性能较强的黑色装盒放置光盘。

4. 防污染

光盘的塑料片基和保护膜带有静电，容易吸附空气中的污染物。对光盘产生破坏性影响的空气污染物有卤化物、有机溶剂、氨气、灰尘。解决的办法是：库房远离污染源，并对环境进行有害气体检测和灰尘检测；提高保管环境的密封程度，对空气进行净化过滤处理；拿取光盘，只能接触光盘的内外沿，不能触摸光盘数据区；使用完的光盘档案及时装盒。

5. 防止标记面的机械性损伤

光盘标记面的保护层非常薄，轻微的划伤也可能会大面积地破坏信息的记录坑点，从而导致激光在扫描光盘档案时不能锁定信息轨道，读不出原始记录的信息。一旦受到机械性的损伤，光盘原始记录信息将难以恢复。因此在光盘的使用与存放的过程中，要避免硬物在标记面上留下刮痕。

6. 不能在光盘上书写或贴标签

在光盘盘面上书写对光盘的耐久性影响有两点：一是标识笔的墨水会渗入盘片的保护层而损坏盘片；二是硬笔的笔尖会划伤盘片的保护层。同时，光盘上也不能粘贴标签。因为标签会导致高速旋转的光盘失去平衡，造成信息读取错误。

二、电子文档存储安全

为实现电子文档的保密性、真实性、可靠性、可读性和可用性，必须要确保存储在计算机系统中的各类电子文档安全，即电子文档的信息、数据不会因为以意外或恶意原因的遭到泄露、更改、破坏。

（一）电子文档存储的安全风险

1. 载体方面的安全风险

（1）载体寿命较短。磁、光等存储载体虽然体积小、容量大，但使用寿命比传统纸张要短得多。从理论上讲，磁盘档案可以保存10～20年，光盘的寿命可以达到100年，远远不能满足档案材料长期保存的需要。

（2）数字技术更新快。计算机硬件、操作系统、应用软件、存储载体更新换代得特别快。如果电子档案载体与新产品不能兼容，那么就会出现档案信息不能读取识别的危险。

（3）载体的损伤不易察觉。电子档案载体的损伤具有一定的隐蔽性，通常用肉眼无法识别。只有通过计算机设备来监测，才能确定档案信息是否可读。

2. 网络环境下的安全风险

（1）外网安全风险。档案单位外网担负是向公众提供档案利用的任务，其安全问题包括：网站的安全、访问安全、信息发布的安全等。

（2）局域网（内网）安全风险。档案单位内网主要承担的是电子文件归档、扫描录入、著录检索等功能，是实现单位内部各部门流水工作和信息共享的重要工具。内网的安全问题包括：非法扫描、系统漏洞与溢出、信息更改或秘密泄露等。

（3）涉密网的安全风险。涉密网络担负着保护涉密电子档案安全的重任。涉密档案具有特殊的价值与意义，通常是别有用心者的攻击目标。涉密网的安全风险有：信息被窃取、信息被破坏、信息被篡改、系统资源被占用等。

（二）电子文档存储的安全控制

为防止电子文档变化、改动甚至丢失现象的发生，必须在电子文档的整个运转过程中引入安全控制机制。具体措施有以下几点。

1. 设备或软件控制

利用设备或软件可以控制电子文档被修改或删除，具体办法包括以下几点。

（1）通过设备或软件对电子文档的操作历史和操作者进行实时的自动记录并保存。

（2）通过设备或软件对电子文档的访问权限进行控制，对于不同的用户群系统授予不同的访问权限。

（3）对指定的电子文件或文件系统进行自动加密。

（4）将电子文件设置为只读状态。

（5）通过设备或系统对档案单位的内网和外网进行网络隔离和数据隔离。

（6）在互联网与内网之间安装防火墙。

（7）在计算机中建立完善的病毒防范体系。

2. 物理访问控制

控制电子文档物理访问的方法有以下几点。

（1）电子文档存储设备或载体，只允许具有相应权限的人员接近。

（2）对接触电子文档存储设备或载体的人员身份、日期、时间进行日志记录，并与文档一起保存。

（3）对电子文档存储载体的移动情况，即移动的日期、时间、经手人、移动原因等内容，进行记录并与文档一起保存。

（4）具有高级权限的人定期检查日志、记录。

3. 防止丢失

防止电子文档丢失的方法有以下两点。

（1）存储设备或载体的存放地点要防水、防火、防磁、防震、防盗。

（2）拷贝备份。有三种情形：一是将系统设置为定时的自动备份；二是利用手动备份的方式将电子文档定期拷贝到移动磁盘上；三是对存储在移动载体中的电子文档每4年拷贝一次，且原载体继续保留时间不得少于4年。

4. 安全政策

电子文档安全保障政策内容包括以下几点。

（1）电子文档安全移交制度。

（2）电子文档载体访问控制与检测制度。

（3）电子文档载体存储与使用技术标准。

（4）电子文档备份与恢复制度。

三、电子文档的利用

（一）电子文档利用的方式

电子文档提供利用的方法一般有三种。

1. 提供拷贝

所谓提供拷贝，就是指档案部门通过拷贝的方式向利用者提供记录在特定载体上的电子文档。档案部门向利用者提供拷贝时，一定要注意以下几点。

（1）不可以启用封存的文档载体，提供拷贝的应该是电子文档的备份载体。

（2）提供拷贝的电子文件要转换成通用标准文档存储格式。

（3）读取电子文档信息的软硬件平台由利用者自行解决恢复和显示。

（4）如果利用者不具备读取电子文件的软硬件条件，可以向其提供打印件或缩微品。

2. 网络传递

档案部门网络传递电子文档主要有两种情况：一是将电子文档作为共享信息，通过网络传递方式提供给本单位的利用者；二是在网络平台上向利用者提供档案借阅服务。网络传递方便快捷，大大提高了电子文档提供利用的效率。

3. 直接利用

直接利用是指利用者在档案部门数据库上直接查询电子文档的一种方法。这种方法，为用户利用电子文档提供了软硬件的支持，在一定程度上满足了用户对电子文档深层次、多元化的需求。由于电子档案数据库是一个海量的、异构的信息资源库，为提高直接利用电子文档的质量，档案部门的信息服务必须要有强大的检索功能，做到科学标引、著录和编目。

（二）电子文档的利用管理[①]

从信息安全的角度出发,电子文档的利用管理包括以下几个方面。

1. 审核使用权限

（1）根据工作的性质和责任的不同,审核各级、各类人员的使用权限。通常使用权限的审核由档案部门的决策者进行。

（2）设置计算机跟踪系统自动判断使用者的权限,并自动记录使用者的利用信息。对于利用者使用未经授权的功能,系统应拒绝访问。

（3）在电子文档存储载体的使用上,要根据电子文档的密级和开放程度来确定其使用控制的程度,在使用中依据利用者的背景情况和利用目的来决定是否对其授权。

2. 拷贝的提供与回收

提供电子档案拷贝是一种主要的利用方式,但必然带来利用时间与利用地点的分散,如果管理不好,将会造成档案信息无原则的散失。因而,必须采取有效的措施和方法,对其进行严格管理。

（1）依据利用者的需求和确认使用权限后再进行拷贝的制作。

（2）原则上尽量避免把载体上存储的电子档案信息全部拷贝,并通过技术手段防止所提供拷贝的再复制。

（3）除经过编辑公开发行的电子出版物外,对那些提供利用的拷贝必须进行回收。

（4）要有完善的提供拷贝手续,提供者和利用者双方应对提供拷贝的内容进行确认,并对使用载体的类型、数量、使用时间、最后回收期限及双方责任人等情况进行登记。

（5）对回收来的拷贝,应作信息内容的消除处理。

3. 利用中的安全措施

电子档案在利用中的保密与安全是十分重要的,而且同纸质档案相比,更加难以控制。因此,在电子档案的利用中,应特别注意以下几点。

（1）采用的利用方式,应视利用者的情况而定,不能无原则地向所有利用者提供全部利用方式。

（2）依据电子档案内容的密级层次进行有效的管理。一般情况下,对于内容不是完全开放的电子档案,不宜用拷贝的方式提供利用,对于提供拷贝的制作,必须在有效监控下进行。

（3）采用通信传输或直接利用等利用方式时,对有密级的信息内容要进行加密处理,并对所使用的密钥进行定期或不定期的更换。

（4）系统应对利用的全过程进行有效的跟踪监控,并自动进行相关记录,作为对利用工作查证的依据。

（5）利用的系统应有较强容错能力,避免由于误操作造成不可挽回的损失。

[①] 余红平,胡红霞.秘书信息与档案管理实务[M].北京:外语教学与研究出版社,2011.

思　考　题

1. 电子文件归档的方式有哪些？
2. 电子文件归档的程序是怎样的？
3. 电子文档的存储载体有哪些？在保管上有哪些具体的要求？
4. 电子文档的安全风险有哪些？如何控制？
5. 电子文档提供利用的方式有哪些？如何保证其安全？

中华人民共和国档案法①

(1987 年 9 月 5 日第六届全国人民代表大会常务委员会第二十二次会议通过,根据 1996 年 7 月 5 日第八届全国人民代表大会常务委员会第二十次会议《关于修改〈中华人民共和国档案法〉的决定》修正)

第一章 总 则

第一条 为了加强对档案的管理和收集、整理工作,有效地保护和利用档案,为社会主义现代化建设服务,制定本法。

第二条 本法所称的档案,是指过去和现在的国家机构、社会组织以及个人从事政治、军事、经济、科学、技术、文化、宗教等活动直接形成的对国家和社会有保存价值的各种文字、图表、声像等不同形式的历史记录。

第三条 一切国家机关、武装力量、政党、社会团体、企业事业单位和公民都有保护档案的义务。

第四条 各级人民政府应当加强对档案工作的领导,把档案事业的建设列入国民经济和社会发展计划。

第五条 档案工作实行统一领导、分级管理的原则,维护档案完整与安全,便于社会各方面的利用。

第二章 档案机构及其职责

第六条 国家档案行政管理部门主管全国档案事业,对全国的档案事业实行统筹规划,组织协调,统一制度,监督和指导。

---

① 中华人民共和国国家档案局网站. http://www.saac.gov.cn/xxgk/2010-02/08/content_1704.htm.

　　县级以上地方各级人民政府的档案行政管理部门主管本行政区域内的档案事业，并对本行政区域内机关、团体、企业事业单位和其他组织的档案工作实行监督和指导。

　　乡、民族乡、镇人民政府应当指定人员负责保管本机关的档案，并对所属单位的档案工作实行监督和指导。

　　第七条　机关、团体、企业事业单位和其他组织的档案机构或者档案工作人员，负责保管本单位的档案，并对所属机构的档案工作实行监督和指导。

　　第八条　中央和县级以上地方各级各类档案馆，是集中管理档案的文化事业机构，负责接收、收集、整理、保管和提供利用各分管范围内的档案。

　　第九条　档案工作人员应当忠于职守，遵守纪律，具备专业知识。在档案的收集、整理、保护和提供利用等方面成绩显著的单位或者个人，由各级人民政府给予奖励。

第三章　档案的管理

　　第十条　对国家规定的应当立卷归档的材料，必须按照规定，定期向本单位档案机构或者档案工作人员移交，集中管理，任何个人不得据为己有。

　　国家规定不得归档的材料，禁止擅自归档。

　　第十一条　机关、团体、企业事业单位和其他组织必须按照国家规定，定期向档案馆移交档案。

　　第十二条　博物馆、图书馆、纪念馆等单位保存的文物、图书资料同时是档案的，可以按照法律和行政法规的规定，由上述单位自行管理。

　　档案馆与上述单位应当在档案的利用方面互相协作。

　　第十三条　各级各类档案馆，机关、团体、企业事业单位和其他组织的档案机构，应当建立科学的管理制度，便于对档案的利用；配置必要的设施，确保档案的安全；采用先进技术，实现档案管理的现代化。

　　第十四条　保密档案的管理和利用，密级的变更和解密，必须按照国家有关保密的法律和行政法规的规定办理。

　　第十五条　鉴定档案保存价值的原则、保管期限的标准以及销毁档案的程序和办法，由国家档案行政管理部门制定。禁止擅自销毁档案。

　　第十六条　集体所有的和个人所有的对国家和社会具有保存价值的或者应当保密的档案，档案所有者应当妥善保管。对于保管条件恶劣或者其他原因被认为可能导致档案严重损毁和不安全的，国家档案行政管理部门有权采取代为保管等确保档案完整和安全的措施；必要时，可以收购或者征购。

　　前款所列档案，档案所有者可以向国家档案馆寄存或者出卖；向国家档案馆以外的任何单位或者个人出卖的，应当按照有关规定由县级以上人民政府档案行政管理部门批准。严禁倒卖牟利，严禁卖给或者赠送给外国人。

　　向国家捐赠档案的，档案馆应当予以奖励。

　　第十七条　禁止出卖属于国家所有的档案。

　　国有企业事业单位资产转让时，转让有关档案的具体办法由国家档案行政管理部门制定。

档案复制件的交换、转让和出卖,按照国家规定办理。

　　第十八条　属于国家所有的档案和本法第十六条规定的档案以及这些档案的复制件,禁止私自携运出境。

第四章　档案的利用和公布

　　第十九条　国家档案馆保管的档案,一般应当自形成之日起满三十年向社会开放。经济、科学、技术、文化等类档案向社会开放的期限,可以少于三十年,涉及国家安全或者重大利益以及其他到期不宜开放的档案向社会开放的期限,可以多于三十年,具体期限由国家档案行政管理部门制订,报国务院批准施行。

　　档案馆应当定期公布开放档案的目录,并为档案的利用创造条件,简化手续,提供方便。

　　中华人民共和国公民和组织持有合法证明,可以利用已经开放的档案。

　　第二十条　机关、团体、企业事业单位和其他组织以及公民根据经济建设、国防建设、教学科研和其他各项工作的需要,可以按照有关规定,利用档案馆未开放的档案以及有关机关、团体、企业事业单位和其他组织保存的档案。

　　利用未开放档案的办法,由国家档案行政管理部门和有关主管部门规定。

　　第二十一条　向档案馆移交、捐赠、寄存档案的单位和个人,对其档案享有优先利用权,并可对其档案中不宜向社会开放的部分提出限制利用的意见,档案馆应当维护他们的合法权益。

　　第二十二条　属于国家所有的档案,由国家授权的档案馆或者有关机关公布;未经档案馆或者有关机关同意,任何组织和个人无权公布。

　　集体所有的和个人所有的档案,档案的所有者有权公布,但必须遵守国家有关规定,不得损害国家安全和利益,不得侵犯他人的合法权益。

　　第二十三条　各级各类档案馆应当配备研究人员,加强对档案的研究整理,有计划地组织编辑出版档案材料,在不同范围内发行。

第五章　法 律 责 任

　　第二十四条　有下列行为之一的,由县级以上人民政府档案行政管理部门、有关主管部门对直接负责的主管人员或者其他直接责任人员依法给予行政处分;构成犯罪的,依法追究刑事责任:

　　(一)损毁、丢失属于国家所有的档案的;

　　(二)擅自提供、抄录、公布、销毁属于国家所有的档案的;

　　(三)涂改、伪造档案的;

　　(四)违反本法第十六条、第十七条规定,擅自出卖或者转让档案的;

　　(五)倒卖档案牟利或者将档案卖给、赠送给外国人的;

　　(六)违反本法第十条、第十一条规定,不按规定归档或者不按期移交档案的;

　　(七)明知所保存的档案面临危险而不采取措施,造成档案损失的;

　　(八)档案工作人员玩忽职守,造成档案损失的。

在利用档案馆的档案中,有前款第一项、第二项、第三项违法行为的,由县级以上人民政府档案行政管理部门给予警告,可以并处罚款;造成损失的,责令赔偿损失。

企业事业组织或者个人有第一款第四项、第五项违法行为的,由县级以上人民政府档案行政管理部门给予警告,可以并处罚款;有违法所得的,没收违法所得;并可以依照本法第十六条的规定征购所出卖或者赠送的档案。

第二十五条 携运禁止出境的档案或者其复制件出境的,由海关予以没收,可以并处罚款;并将没收的档案及其复制件移交档案行政管理部门;构成犯罪的,依法追究刑事责任。

第六章 附 则

第二十六条 本法实施办法,由国家档案行政管理部门制定,报国务院批准后施行。

第二十七条 本法自 1988 年 1 月 1 日起施行。

附录2

Appendix 2

中华人民共和国档案法实施办法①

(1990 年 10 月 24 日国务院批准,1990 年 11 月 19 日国家档案局令第 1 号发布,
1999 年 5 月 5 日国务院批准修订,1999 年 6 月 7 日国家档案局令第 5 号重新发布)

第一章 总 则

第一条 根据《中华人民共和国档案法》(以下简称《档案法》)的规定,制定本办法。

第二条 《档案法》第二条所称对国家和社会有保存价值的档案,属于国家所有的,由国家档案局会同国家有关部门确定具体范围;属于集体所有、个人所有以及其他不属于国家所有的,由省、自治区、直辖市人民政府档案行政管理部门征得国家档案局同意后确定具体范围。

第三条 各级国家档案馆馆藏的永久保管档案分一、二、三级管理,分级的具体标准和管理办法由国家档案局制定。

第四条 国务院各部门经国家档案局同意,省、自治区、直辖市人民政府各部门经本级人民政府档案行政管理部门同意,可以制定本系统专业档案的具体管理制度和办法。

第五条 县级以上各级人民政府应当加强对档案工作的领导,把档案事业建设列入本级国民经济和社会发展计划,建立、健全档案机构,确定必要的人员编制,统筹安排发展档案事业所需经费。

机关、团体、企业事业单位和其他组织应当加强对本单位档案工作的领导,保障档案工作依法开展。

第六条 下列事迹之一的,由人民政府、档案行政管理部门或者本单位给予奖励:

(一)对档案的收集、整理、提供利用做出显著成绩的;

---

① 中华人民共和国国家档案局网站. http://www.saac.gov.cn/xxgk/2010-02/05/content_1541.htm.

（二）对档案的保护和现代化管理做出显著成绩的；

（三）对档案学研究做出重要贡献的；

（四）将重要的或者珍贵的档案捐赠给国家的；

（五）同违反档案法律、法规的行为作斗争，表现突出的。

第二章 档案机构及其职责

第七条 国家档案局依照《档案法》第六条第一款的规定，履行下列职责：

（一）根据有关法律、行政法规和国家有关方针政策，研究、制定档案工作规章制度和具体方针政策；

（二）组织协调全国档案事业的发展，制定发展档案事业的综合规划和专项计划，并组织实施；

（三）对有关法律、法规和国家有关方针政策的实施情况进行监督检查，依法查处档案违法行为；

（四）对中央和国家机关各部门、国务院直属企业事业单位以及依照国家有关规定不属于登记范围的全国性社会团体的档案工作，中央级国家档案馆的工作，以及省、自治区、直辖市人民政府档案行政管理部门的工作，实施监督、指导；

（五）组织、指导档案理论与科学技术研究、档案宣传与档案教育、档案工作人员培训；

（六）组织、开展档案工作的国际交流活动。

第八条 县级以上地方各级人民政府档案行政管理部门依照《档案法》第六条第二款的规定，履行下列职责：

（一）贯彻执行有关法律、法规和国家有关方针政策；

（二）制定本行政区域内的档案事业发展计划和档案工作规章制度，并组织实施；

（三）监督、指导本行政区域内的档案工作，依法查处档案违法行为；

（四）组织、指导本行政区域内档案理论与科学技术研究、档案宣传与档案教育、档案工作人员培训。

第九条 机关、团体、企业事业单位和其他组织的档案机构依照《档案法》第七条的规定，履行下列职责：

（一）贯彻执行有关法律、法规和国家有关方针政策，建立、健全本单位的档案工作规章制度；

（二）指导本单位文件、资料的形成、积累和归档工作；

（三）统一管理本单位的档案，并按照规定向有关档案馆移交档案；

（四）监督、指导所属机构的档案工作。

第十条 中央和地方各级国家档案馆，是集中保存、管理档案的文化事业机构，依照《档案法》第八条的规定，承担下列工作任务：

（一）收集和接收本馆保管范围内对国家和社会有保存价值的档案；

（二）对所保存的档案严格按照规定整理和保管；

（三）采取各种形式开发档案资源，为社会利用档案资源提供服务。

按照国家有关规定,经批准成立的其他各类档案馆,根据需要,可以承担前款规定的工作任务。

第十一条 全国档案馆的设置原则和布局方案,由国家档案局制定,报国务院批准后实施。

第三章 档案的管理

第十二条 按照国家档案局关于文件材料归档的规定,应当立卷归档的材料由单位的文书或者业务机构收集齐全,并进行整理、立卷,定期交本单位档案机构或者档案工作人员集中管理;任何人都不得据为己有或者拒绝归档。

第十三条 机关、团体、企业事业单位和其他组织,应当按照国家档案局关于档案移交的规定,定期向有关的国家档案馆移交档案。

属于中央级和省级、设区的市级国家档案馆接收范围的档案,立档单位应当自档案形成之日起满 20 年即向有关的国家档案馆移交;属于县级国家档案馆接收范围的档案,立档单位应当自档案形成之日起满 10 年即向有关的县级国家档案馆移交。

经同级档案行政管理部门检查和同意,专业性较强或者需要保密的档案,可以延长向有关档案馆移交的期限;已撤销单位的档案或者由于保管条件恶劣可能导致不安全或者严重损毁的档案,可以提前向有关档案馆移交。

第十四条 既是文物、图书资料又是档案的,档案馆可以与博物馆、图书馆、纪念馆等单位相互交换重复件、复制件或者目录,联合举办展览,共同编辑出版有关史料或者进行史料研究。

第十五条 各级国家档案馆应当对所保管的档案采取下列管理措施:

(一)建立科学的管理制度,逐步实现保管的规范化、标准化;

(二)配置适宜安全保存档案的专门库房,配备防盗、防火、防渍、防有害生物的必要设施;

(三)根据档案的不同等级,采取有效措施,加以保护和管理;

(四)根据需要和可能,配备适应档案现代化管理需要的技术设备。

机关、团体、企业事业单位和其他组织的档案保管,根据需要,参照前款规定办理。

第十六条 《档案法》第十四条所称保密档案密级的变更和解密,依照《中华人民共和国保守国家秘密法》及其实施办法的规定办理。

第十七条 属于集体所有、个人所有以及其他不属于国家所有的对国家和社会具有保存价值的或者应当保密的档案,档案所有者可以向各级国家档案馆寄存、捐赠或者出卖。向各级国家档案馆以外的任何单位或者个人出卖、转让或者赠送的,必须报经县级以上人民政府档案行政管理部门批准;严禁向外国人和外国组织出卖或者赠送。

第十八条 属于国家所有的档案,任何组织和个人都不得出卖。

国有企业事业单位因资产转让需要转让有关档案的,按照国家有关规定办理。

各级各类档案馆以及机关、团体、企业事业单位和其他组织为了收集、交换中国散失在国外的档案、进行国际文化交流,以及适应经济建设、科学研究和科技成果推广等的需要,经国家档案局或者省、自治区、直辖市人民政府档案行政管理部门依据职权审查批准,可以向国内外的单位或者个人赠送、交换、出卖档案的复制件。

第十九条　各级国家档案馆馆藏的一级档案严禁出境。

各级国家档案馆馆藏的二级档案需要出境的,必须经国家档案局审查批准。各级国家档案馆馆藏的三级档案、各级国家档案馆馆藏的一、二、三级档案以外的属于国家所有的档案和属于集体所有、个人所有以及其他不属于国家所有的对国家和社会具有保存价值的或者应当保密的档案及其复制件,各级国家档案馆以及机关、团体、企业事业单位、其他组织和个人需要携带、运输或者邮寄出境的,必须经省、自治区、直辖市人民政府档案行政管理部门审查批准,海关凭批准文件查验放行。

第四章　档案的利用和公布

第二十条　各级国家档案馆保管的档案应当按照《档案法》的有关规定,分期分批地向社会开放,并同时公布开放档案的目录。档案开放的起始时间:

(一)中华人民共和国成立以前的档案(包括清代和清代以前的档案;民国时期的档案和革命历史档案),自本办法实施之日起向社会开放;

(二)中华人民共和国成立以来形成的档案,自形成之日起满 30 年向社会开放;

(三)经济、科学、技术、文化等类档案,可以随时向社会开放。

前款所列档案中涉及国防、外交、公安、国家安全等国家重大利益的档案,以及其他虽自形成之日起已满 30 年但档案馆认为到期仍不宜开放的档案,经上一级档案行政管理部门批准,可以延期向社会开放。

第二十一条　各级各类档案馆提供社会利用的档案,应当逐步实现以缩微品代替原件。档案缩微品和其他复制形式的档案载有档案收藏单位法定代表人的签名或者印章标记的,具有与档案原件同等的效力。

第二十二条　《档案法》所称档案的利用,是指对档案的阅览、复制和摘录。

中华人民共和国公民和组织,持有介绍信或者工作证、身份证等合法证明,可以利用已开放的档案。

外国人或者外国组织利用中国已开放的档案,须经中国有关主管部门介绍以及保存该档案的档案馆同意。

机关、团体、企业事业单位和其他组织以及中国公民利用档案馆保存的未开放的档案,须经保存该档案的档案馆同意,必要时还须经有关的档案行政管理部门审查同意。

机关、团体、企业事业单位和其他组织的档案机构保存的尚未向档案馆移交的档案,其他机关、团体、企业事业单位和组织以及中国公民需要利用的,须经档案保存单位同意。

各级各类档案馆应当为社会利用档案创造便利条件。提供社会利用的档案,可以按照规定收取费用。收费标准由国家档案局会同国务院价格管理部门制定。

第二十三条　《档案法》第二十二条所称档案的公布,是指通过下列形式首次向社会公开档案的全部或者部分原文,或者档案记载的特定内容:

(一)通过报纸、刊物、图书、声像、电子等出版物发表;

(二)通过电台、电视台播放;

(三)通过公众计算机信息网络传播;

（四）在公开场合宣读、播放；

（五）出版发行档案史料、资料的全文或者摘录汇编；

（六）公开出售、散发或者张贴档案复制件；

（七）展览、公开陈列档案或者其复制件。

第二十四条 公布属于国家所有的档案，按照下列规定办理：

（一）保存在档案馆的，由档案馆公布；必要时，应当征得档案形成单位同意或者经档案形成单位的上级主管机关同意后公布；

（二）保存在各单位档案机构的，由各该单位公布；必要时，应当报经其上级主管机关同意后公布；

（三）利用属于国家所有的档案的单位和个人，未经档案馆、档案保存单位同意或者前两项所列主管机关的授权或者批准，均无权公布档案。

属于集体所有、个人所有以及其他不属于国家所有的对国家和社会具有保存价值的档案，其所有者向社会公布时，应当遵守国家有关保密的规定，不得损害国家的、社会的、集体的和其他公民的利益。

第二十五条 各级国家档案馆对寄存档案的公布和利用，应当征得档案所有者同意。

第二十六条 利用、公布档案，不得违反国家有关知识产权保护的法律规定。

第五章 罚 则

第二十七条 有下列行为之一的，由县级以上人民政府档案行政管理部门责令限期改正；情节严重的，对直接负责的主管人员或者其他直接责任人员依法给予行政处分：

（一）将公务活动中形成的应当归档的文件、资料据为己有，拒绝交档案机构、档案工作人员归档的；

（二）拒不按照国家规定向国家档案馆移交档案的；

（三）违反国家规定擅自扩大或者缩小档案接收范围的；

（四）不按照国家规定开放档案的；

（五）明知所保存的档案面临危险而不采取措施，造成档案损失的；

（六）档案工作人员、对档案工作负有领导责任的人员玩忽职守，造成档案损失的。

第二十八条 《档案法》第二十四条第二款、第三款规定的罚款数额，根据有关档案的价值和数量，对单位为 1 万元以上 10 万元以下，对个人为 500 元以上 5000 元以下。

第二十九条 违反《档案法》和本办法，造成档案损失的，由县级以上人民政府档案行政管理部门、有关主管部门根据损失档案的价值，责令赔偿损失。

第六章 附 则

第三十条 中国人民解放军的档案工作，根据《档案法》和本办法确定的原则管理。

第三十一条 本办法自发布之日起施行。

企业档案管理规定①

(2002年7月22日发布2002年9月1日起施行)

第一条 为加强企业档案工作,促进档案工作为企业各项工作服务,根据《中华人民共和国档案法》(以下简称《档案法》)和有关法律、法规,制定本规定。

第二条 本规定所称的企业档案,是指企业在生产经营和管理活动中形成的对国家、社会和企业有保存价值的各种形式的文件材料。

第三条 企业应遵守《档案法》,依法管理本企业档案,明确管理档案的部门或人员,提高职工档案意识,确保档案完整、准确和安全。

第四条 企业档案工作接受档案行政管理部门的监督和指导。

中央管理的企业制定本企业档案管理制度和办法须报国家档案局备案。

第五条 企业负责档案工作的部门依法履行下列职责。

(一)贯彻执行《档案法》等有关法律、法规和方针政策,制定本企业文件材料归档和档案保管、利用、鉴定、销毁、移交等有关规章制度;

(二)统筹规划并负责本企业档案的收集、整理、保管、鉴定、统计和提供利用工作;

(三)指导本企业各部门文件材料的形成、积累、整理和归档工作;

(四)监督、指导本企业所属机构(含境外机构)的档案工作。

第六条 企业档案工作人员应当忠于职守,遵纪守法,具有相应的档案专业知识和业务能力。

第七条 企业各部门负责归档文件材料的收集和整理,并定期交本企业档案部门集中管理。任何人不得拒绝归档。

第八条 归档的文件材料应完整、准确、系统。文件书写和载体材料应能耐久保存。

---

① 档案界网站.http://www.danganj.com/html/wenangongju/guizhangzhidu/2010/1225/4775.html.

文件材料整理符合规范。归档的电子文件,应有相应的纸质文件材料一并归档保存。

第九条　企业根据有关规定,确定档案保管期限,划定档案密级。

第十条　企业采取有效措施对档案进行安全保管,并切实加强对知识产权档案和涉及商业秘密档案的管理。

第十一条　企业对保管期限已满的档案进行鉴定。对确无保存价值的档案登记造册,按有关规定经企业法定代表人批准后进行监销。

第十二条　企业做好档案统计工作。国有大中型企业应按档案行政管理部门的要求填写有关报表。企业认真做好对国家和社会有保存价值的档案的登记工作。

第十三条　企业档案现代化应与企业信息化建设同步发展,不断提高档案管理水平。

第十四条　企业档案部门应积极做好档案的提供利用工作,努力开发档案信息资源,为企业提供及时、有效的服务。

第十五条　企业必须为政府有关部门、司法部门依法执行公务提供真实、准确的档案。

第十六条　企业提供利用、公布档案,不得损害国家、社会和其他组织的利益,不得侵犯他人的合法权益。

第十七条　国有企业资产与产权发生变动,应按《国有企业资产与产权变动档案处置暂行办法》做好档案的处置工作。

国有企业破产,破产清算组应妥善处置破产企业档案;国有企业分立,档案处置工作由分立后的企业协商办理。

第十八条　企业对在企业档案工作中作出突出贡献的人员给予表彰和奖励。

第十九条　企业应当建立档案工作责任追究制度,对不按规定归档而造成文件材料损失的,或对档案进行涂改、抽换、伪造、盗窃、隐匿和擅自销毁而造成档案丢失或损坏的直接责任者,依法进行处理。

第二十条　本规定由国家档案局负责解释。

第二十一条　本规定自 2002 年 9 月 1 日起施行。《国有企业档案管理暂行规定》同时废止。其他有关企业档案工作的规定凡与本规定抵触的,以本规定为准。

附录4

Appendix 4

企业职工档案管理工作规定①

第一章　总　　则

第一条　为加强企业职工档案管理,有效地保护和利用档案,提高科学管理水平,为社会主义现代化建设服务,根据《中华人民共和国档案法》有关规定,制定本规定。

第二条　企业职工档案是企业劳动、组织、人事等部门在招用、调配、培训、考核、奖惩、选拔和任用等工作中形成的有关职工个人经历、政治思想、业务技术水平、工作表现以及工作变动等情况的文件材料。是历史地、全面地考察职工的依据,是国家档案的组成部分。

第三条　企业职工档案工作,在国家档案行政管理部门宏观管理、组织协调下,由劳动主管部门领导与指导,实行分级管理,同时接受同级档案行政管理部门的监督、指导。

第四条　企业职工档案管理工作必须贯彻执行党和国家有关档案、保密的法规和制度。

第二章　机构和职责

第五条　职工档案由所在企业的劳动(组织人事)职能机构管理。实行档案综合管理的企业单位,档案综合管理部门应设专人管理职工档案。

第六条　职工失踪、逃亡、合理流动或出国不归者,其档案由原所在单位保管,也可由当地劳动行政部门代为保管。

第七条　职工死亡后,其档案由原管理部门保存五年后,移交企业综合档案部门保存。对国家和企业有特殊贡献的英雄、模范人物死亡以后,其档案由企业综合档案部门按

---

① 档案界网站. http://www.danganj.com/html/wenangongju/guizhangzhidu/2010/1225/4765.html.

规定向有关档案馆移交。

第八条　企业职工档案管理部门的职责。

（一）保管职工档案；

（二）收集、鉴别和整理职工档案材料；

（三）办理职工档案的查阅、借阅和转递手续；

（四）登记职工工作变动情况；

（五）为有关部门提供职工情况；

（六）做好职工档案的安全、保密、保护工作；

（七）定期向企业档案室（馆）移交档案；

（八）办理其他有关事项。

第三章　档案的内容

第九条　企业职工档案的内容和分类。

（一）履历材料；

（二）自传材料；

（三）鉴定、考核、考察材料；

（四）评定岗位技能和学历材料（包括学历、学位、学绩、培训结业成绩表和评定技能的考绩、审批等材料）；

（五）政审材料；

（六）参加中国共产党、共青团及民主党派的材料；

（七）奖励材料；

（八）处分材料；

（九）招用、劳动合同，调动、聘用、复员退伍、转业、工资、保险福利待遇、出国、退休、退职等材料；

（十）其他可供组织参考的材料。

第四章　档案的收集、保管和销毁

第十条　职工所在企业的劳动（组织人事）职能机构对职工进行考察、考核、培训、奖惩等所形成的材料要及时收集，整理立卷，保持档案的完整。

第十一条　立卷归档的材料必须认真鉴别，保证材料的真实、文字清楚、手续齐备。材料须经组织审查盖章或本人签字的，应在盖章、签字后归档。

第十二条　企业职工档案材料统一使用 16 开规格办公用纸，不得使用圆珠笔、铅笔、红色墨水及复写纸书写。

第十三条　按规定需要销毁档案材料时，必须经单位主管档案工作的领导批准。

第十四条　档案卷皮、目录和档案袋的样式、规格实行统一的制作标准。

第十五条　严禁任何人私自保存他人档案或利用档案材料营私舞弊。对违反规定者，应视情节轻重，严肃处理。对违反《中华人民共和国档案法》、《中华人民共和国保守秘密法》的，要依法处理。

第十六条　职工档案管理单位应建立健全工作制度,做好防火、防蛀、防潮、防光、防盗等工作。

第五章　档案的提供利用

第十七条　因工作需要查阅和借用档案,须遵守下列规定。

(一)查阅档案应凭盖有党政机关、人民团体、企事业单位公章的介绍信。

(二)查阅、使用企业职工档案的单位,应派可靠人员到保管单位查阅室查阅。

(三)档案除特殊情况外一般不借出查阅。如必须借出查阅时,应事先提交报告,说明理由,经企业或企业授权的主管档案工作的领导批准,严格履行登记手续,并按期归还。

(四)任何个人不得查阅或借用本人及亲属(包括父母、配偶、子女及兄弟姐妹等)的档案。

(五)各单位应制定查阅档案的制度。查阅档案必须严格遵守保密制度和阅档规定,严禁涂改、圈划、抽取、撤换档案。查阅者不得泄露或擅自向外公布档案内容。对违反者,应视情节轻重予以批评教育,直至纪律处分,或追究法律责任。

(六)因工作需要从档案中取证的,须请示单位主管档案工作的领导批准后才能复制办理。

第六章　档案的转递

第十八条　企业职工调动、辞职、解除劳动合同或被开除、辞退等,应由职工所在单位在一个月内将其档案转交其新的工作单位或其户口所在地的街道劳动(组织人事)部门。职工被劳教、劳改,原所在单位今后还准备录用的,其档案由原所在单位保管。

第十九条　转递档案应遵守下列规定。

(一)通过机要交通或派专人送取,不准邮寄或交本人自带。

(二)对转出的档案,必须按统一规定的"企业职工档案转递通知单"(见附件二)的项目登记,并密封包装。

(三)对转出的材料,不得扣留或分批转出。

(四)接收单位收到档案经核对无误后,应在回执上签名盖章,并将回执立即退回。逾期一个月转出单位未收到回执应及时催问,以防丢失。

第七章　附　　则

第二十条　本规定由劳动部负责解释。

第二十一条　本规定自下达之日起执行。各省、自治区、直辖市和国务院各部门可结合实际情况制定实施办法或细则。

电子公文归档管理暂行办法^①

（2003 年 7 月 28 日发布 2003 年 9 月 1 日施行）

第一条 为了加强对电子公文的归档管理，有效维护电子公文的真实性、完整性、安全性和可识别性，根据《中华人民共和国档案法》、《中华人民共和国档案法实施办法》和《国家行政机关公文处理办法》，制定本办法。

第二条 本办法所称的电子公文，是指各地区、各部门通过由国务院办公厅统一配置的电子公文传输系统处理后形成的具有规范格式的公文的电子数据。

第三条 电子公文形成单位应指定有关部门或专人负责本单位的电子公文归档工作，将电子公文的收集、整理、归档、保管、利用纳入机关文书处理程序和相关人员的岗位责任。

机关档案部门应参与和指导电子公文的形成、办理、收集和归档等各工作环节。

第四条 副省级以上档案行政管理部门负责对电子公文的归档管理工作进行监督和指导。

电子公文的真实性、完整性、安全性和可识别性，移交前由形成部门负责，移交后由档案部门负责。

第五条 电子公文参照国家有关纸质文件的归档范围进行归档并划定保管期限。

第六条 电子公文一般应在办理完毕后即时向机关档案部门归档。

第七条 电子公文形成单位必须将具有永久和长期保存价值的电子公文，制成纸质公文与原电子公文的存储载体一同归档，并使两者建立互联。

第八条 需要永久和长期保存的电子公文，应在每一个存储载体中同时存有相应的符合规范要求的机读目录。

---

① 中国国家档案局网站. http://www.saac.gov.cn/xxgk/2003-07/28/content_13043.htm.

第九条　电子公文的收发登记表、机读目录、相关软件、其他说明等应与相对应的电子公文一同归档保存。

第十条　电子公文的归档应在"全国政府系统办公业务资源网电子邮件系统"平台上进行,各电子公文形成单位档案部门应配置足够容量和处理能力及相对安全的系统设备。

第十一条　电子公文形成单位应在运行电子公文处理系统的硬件环境中设置足够容量、安全的暂存存储器,存放处理完毕应归档保存的电子公文,以保证归档电子公文的完整、安全。

第十二条　电子公文形成单位应在电子公文处理系统中设置符合安全要求的操作日志,随时自动记录对电子公文实时操作的人员、时间、设备、项目、内容等,以保证归档电子公文的真实性。

第十三条　电子公文形成单位应在电子公文归档时对相关项目进行检查,检查项目包括与纸质公文核对内容、签章,审核电子公文收发登记表、操作日志及相关的著录条目等,确认电子公文及相关的信息和软件无缺损且未被非正常改动,电子公文与相应的纸质公文内容及其表现形式一致,处理过程无差错。

第十四条　归档电子公文的移交形式可以是交接双方之间进行存储载体传递或通过电子公文传输系统从网上交接。

第十五条　通过存储载体进行交接的归档电子公文,移交与接收部门均应对其载体和技术环境进行检验,确保载体清洁、无划痕、无病毒等。

第十六条　归档电子公文应存储到符合保管要求的脱机载体上。归档保存的电子公文一般不加密,必须加密归档的电子公文应与其解密软件和说明文件一同归档。

第十七条　归档的电子公文,应按本单位档案分类方案进行分类、整理,并拷贝至耐久性好的载体上,一式3套,一套封存保管,一套异地保管,一套提供利用。

第十八条　档案部门应加强对归档电子公文的管理,提供利用有密级要求的归档电子公文,应严格遵守国家有关保密的规定,采用联网的方式提供利用的,应采取稳妥的身份认定、权限控制及在存有电子公文的设备上加装防火墙等安全保密措施。

第十九条　超过保管期限的归档电子公文的鉴定和销毁,按照归档纸质文件的有关规定执行。对确认销毁的电子公文可以进行逻辑或物理删除,并应由档案部门列出销毁文件目录存档备查。

第二十条　其他类型电子公文的归档管理可参照本办法。

第二十一条　本办法未尽事宜,参照国家其他有关电子文件的标准和规定。

第二十二条　本办法由国家档案局负责解释。

第二十三条　本办法自2003年9月1日起施行。

参 考 文 献

[1] 何屹.档案管理实务[M].北京:北京大学出版社,2010.

[2] 蔡超,杨锋.现代秘书实务[M].广州:暨南大学出版社,2006.

[3] 冯惠玲.档案文献检索[M].北京:高等教育出版社,2009.

[4] 陈智为,邓绍兴,刘越男.档案管理学[M].北京:中国人民大学出版社,2008.

[5] 陈武英,王立维.档案管理学简明教程[M].杭州:浙江大学出版社,2012.

[6] 陈琳.档案管理技能训练[M].成都:机械工业出版社,2013.

[7] 王立清.信息检索教程[M].北京:中国人民大学出版社,2008.

[8] 王琦,冯小梅,程萍.秘书信息工作与档案管理[M].北京:中国人民大学出版社,2011.

[9] 余红平,胡红霞.秘书信息与档案管理实务[M].北京:外语教学与研究出版社,2011.

[10] 郭莉珠.档案保护技术学教程[M].北京:中国人民大学出版社,2008.

[11] 王向明.档案管理学原理[M].上海:上海大学出版社,2009.

[12] 王芳.数字档案馆学[M].北京:中国人民大学出版社,2010.

[13] 冯慧玲,张缉哲.档案学概论[M].北京:中国人民大学出版社,2006.

[14] 高金愚,唐明瑶.档案管理实务[M].北京:科学出版社,2010.

[15] 谭一平.现代职业秘书实务[M].北京:中国人民大学出版社,2007.

[16] 丁晓昌.秘书文档管理[M].北京:高等教育出版社,2013.

[17] 陈祖芬.秘书文档管理[M].北京:中国人民大学出版社,2013.